서로를 위한 즐거운

상생비법

대화술

새생활연구회 편저

太乙出版社

□ 머리말

이 책을 유용하게 쓰는 여러분에게

"그런 실례되는 말은 하는 게 아니다."

"없는 말을 해서, 그에게 완전히 오해를 사 버렸어요."

"어떻게 말하면 좋을까……"

당신도 이런 말을 한 적이 있을 것이다. 말 여하로 사람의 마음은 여러 가지로 변할 수 있는 법이다.

"그 때 이렇게 말했으면 좋았을 걸……"

하고, 말에 있어서의 실패가 돌이킬 수 없는 일생의 후회가 되는 경우도 있다. 그래서 그런 실패를 두 번 다시 하지 않도록 지금까지 어느 책에도 없었던 상황에 따른 화법의 실례를 총망라해서, 읽고 바로 도움이 되는 생활의 꼭 필요한 무기로써 즉시 효과가 있도록 본서는 편집되었다.

아무쪼록 이 책을 읽고 난 후 앞으로의 당신의 인생을 충실하게 만들어 가기 바란다.

차 례

제2장/화법의 주의사항

14

제3장/이것은 달콤한 사랑의 표현──11가지의 질문

제4장/이것만은 필요, 이야기의 지혜──14가지의 질문

18

20

제1장

이야기의 룰
30가지 질문

방문, 이웃 교제, 소개……하는 법

1. 생활을 윤택하게 하는 한 마디

얼굴을 아는 사람과 만나도 인사하기가 몹시 성가시다든가, 무의미하다고 하는 젊은 사람들이 늘고 있는데 이는 해로운 사고 방식이라고 생각한다. 이쪽의 바쁜 사정은 생각지도 않는다 등등의 인사도 곤란하지만(이웃 할머니의 경우에 이런 사람이 흔히 있다), 친숙한 인사를 받고 불쾌하게 느끼는 사람은 거의 없을 것이다.

'안녕하십니까(아침·점심·저녁)' 누구나 이 정도의 인사는 알고 있고 또 할 수도 있지만, 대수롭지 않은 말 한마디로 인해서 한층 친숙함을 더하는 인사를 할 수 있는 것이다.

아침──'안녕' '안녕하십니까' 밑에 '이제 출발하십니까' '건강해 보이는군요' '조심해서 다녀오십시요'라고 하는 말을 덧붙임으로써 상대의 대답이나 미소가 되돌아온다. 그러면 '그럼 또'라고 가볍게 머리를 숙이고 헤어지면 되는 것이다.

점심——'안녕하십니까' '오늘 날씨가 좋군요' '바쁜 것 같아요' '야아, 오랜만이군, 건강해?' 등등 상대에 따라서 여러 가지 화법이 있는 것이다.

저녁——'안녕하십니까' '지금 돌아오십니까' '내일 아침은 날씨가 몹시 차가울 것 같아요'.

작별——'안녕히 가세요' '조심해서' '또 가까운 시일내에 만납시다' '부인에게 안부 전해 주세요' '곧장 돌아와요!' '안녕히 가세요' 대신에 '그럼 실례하겠습니다' '실례합니다'라고 하는 인사법도 사용한다.

자유자재로운 활용 방법

이상은 일반적인 두세 가지의 예인데, 상대가 연장자이거나, 친구, 후배이거나 하기 때문에 보다 정중한 말씨로 정정하거나, '야, 반갑다' 등 보다 젊음이 넘치는 싱싱한 인사를 해야 친숙함을 느끼는 경우도 있다.

또한 연장자, 손윗 사람, 상사 등과 만나게 되면 상대보다 먼저 인사를 할 것. 그리고 자기가 알고 있는 모든 사람에게 자신이 먼저 인사를 할 수 있으면 어떻든 상대방은 기뻐할 것이다.

'안녕하십니까'라는 한 마디로 어떤 새로운 기회가 생길지도 모르고, 그것은 또한 한 사람 한 사람 다른 세계에서 살고 있는 인간을 서로 연결하는 가장 간단한, 그리고 중요한 '말'이 되는 것이다.

2. 방문, 작별 때의 인사

방문 때

현관에 벨이 붙어 있는 집인 경우에는 그것을 누른 후 집안에서 사람이 나왔을 때에 현관을 열고, 또한 벨이 없는 집인 경우에도 문을 열고 나서, '실례합니다'라고 하는 것이 보통이다. 벨이 있는데도 불구하고 그것을 누르지 않고 문을 열고 들어가서 '실례합니다'라고 하는 것은 어쩐지 수상쩍은 느낌을 주어 좋지 않다. 또한, '실례합니다'를 현관문 밖에서 하는 사람이 있는데, 그렇게까지 조심스럽지 않아도, 현관에 들어가서 말해도 실례가 되지 않는다. '실례합니다', 좀 더 친해지면 '있습니까' 등이라고 해서 방문한 상대가 집에 있는지를 묻는 경우도 흔히 있는데, 이것은 손윗 사람, 초면인 사람의 경우에는 피해야 할 것이다. 우선, 이쪽의 자기 소개와 방문 목적을 밝힌 후 상대가 집에 있는지의 여부를 묻는 것이 좋다.

다음의 예를 들어 둔다.

① 실례합니다. ○○○라고 합니다. 지금 계십니까?

② ×××라고 하는 사람입니다. 선생님께 항상 신세를 지고 있습니다. 의논 드리고 싶은 일이 있어서 왔습니다. 댁에 계시면 뵙고 싶습니다만.

③ 이 근처까지 왔다가 잠깐 들려보았습니다…… 계시면 뵙고 싶습니다만.

④ 2시에 찾아 뵙기로 약속을 했습니다만 차가 혼잡해서 늦어졌습니다.

방문받은 본인이나 중개인이 내용을 듣고,
'아무쪼록 올라오십시요' '잘 오셨습니다' '기다리고 있었습니다'라는 식으로 응하고, 방으로 안내해 준다. 그 경우, 방문한 쪽은 예의를 지키는 마음 가짐은 필요하겠지만, 도가 지나치면 오히려 맞이하는 쪽에 불쾌한 인상을 준다. 권유받으면 순순히 그 말에 따르는 편이 좋을 것 같다. 지시대로 동작을 진행하면서 '감사합니다……그럼' '그럼 실례하겠습니다'라고 하는 말을 덧붙이도록 한다.

작별 때

용건이 끝나고 일단락 지을 때의 인사도 중요하다.

'바쁘실텐데 만나주셔서 감사했습니다.'

'매우 오랫 동안 폐를 끼쳤습니다.'

'정말 신세 많이 졌습니다.'

'여러 가지로 가르쳐 주셔서 감사했습니다.'

'바쁘실텐데 너무 오래 있었습니다.'

'그럼, 오늘은 좀 볼 일이 있기 때문에 이만 실례하겠습니다.'

'그럼 실례하겠습니다.'

끝 인사보다도 용건의 내용에 따라서, 혹은 그 때의 상황에 따라서 그 자리에 어울리는 작별의 인삿말을 연구해 보도록 한다.

3. 이웃과의 교제를 윤택하게 하는 말

이사했을 때의 인사

이사했을 때에는 옛날부터 자기집을 둘러싼 이웃집에 시루떡을 나누며 인사를 한다. 인사차 돌 뿐만 아니라 다소 성가실지도 모르지만, 처음만큼은 정중하게 자신의 가정 소개를 해두는 것이 그 후에 좋은 결과를 낳는다.

또한, 이사를 하고 며칠 후에 찾아가는 것이 아니라, 이웃에 대한 인사는 가능한 한 빨리 해야만 한다. 예를 들면,

"이번에 댁의 옆집으로 이사 온 ○○○입니다. 할머니와 남자아이가 둘인 다섯 식구로, 맏이가 4살 난 개구장이로 한창

28

놀 나이이기 때문에 여러가지로 폐를 끼치는 경우도 있으리
라 생각하는데, 아무쪼록 잘 부탁드립니다.”
라고 인사하고,
“이 근처에 대해서는 낯설기 때문에 가게 등 위치를 가르쳐
주셨으면 싶습니다.”
등이라고 덧붙이면, 친절하게 어느 야채가게가 싸다든지, 어디어
디의 생선가게는 항상 신선한 생선을 갖다 놓는다든지, 여러가
지를 가르쳐 줄 것이다.

아파트로 이사했을 때는, 이웃 사람이나 관리인에게 어떤 인
사를 하면 좋을까. 관리인에게는 사소한 물건을 가지고 가고,
“저는 일하고 있기 때문에 낮에는 집이 비어있습니다. 저녁
6시 반 무렵까지는 돌아옵니다. 부디 잘 부탁합니다. 또 형님
도 이쪽으로 오셔서 회사 기숙사에 들어가 있습니다. 종종
찾아오는 경우도 있으리라 생각하니 잘 부탁합니다.”
라고 얘기해 두면, 부재중에 사람이 찾아왔을 때나, 무슨 일이
생겼을 때에 여러가지로 친절하게 도움을 받을 수 있을 것이
다.
또한 이웃집 사람에게도 친절히 인사를 해 둔다.
“이웃집에 이사 온 ○○○입니다. ×××회사에 근무하고
있어서 낮에는 비어 있습니다. 부디 잘 부탁합니다.”
라고 인사를 하고, 차가운 태도는 취하지 않도록 한다.

이웃 사람이 이사왔을 때의 맞이함

　나중에 이사왔기 때문에, 상대방이 인사하러 오는 것이 당연
하다고 생각했는지, 인사하러 올 때까지 그냥 모르는 척하고
있다. 그럴 때 이런 태도는 어떨까.

　"나는 이웃 사람인데, 집을 비우고 다니는 일이 많기 때문
에 오셨을 때에 만날 수 없으면 안되겠기에 이쪽에서 먼저
찾아뵈었습니다. 아무쪼록, 그리고 뭔가 일이 있으시면 부디
거리낌없이 말씀해 주십시요."

라고 말해 두면, 상대방에게 매우 좋은 인상을 심어줄 것이다.

4. '고맙습니다'의 능숙한 사용법

　틀에 박힌 말로 무턱대고 화려하게 꾸며대는 것이 최고의 예의를 갖춘 인삿말이라고 생각하는 것은 잘못이다. 상대에게 이쪽의 감사하는 마음이 전해질 수 있도록 표현에 대해서도 잘 생각해 보기 바란다.

　'정말 고맙습니다'란 누구나 할 수 있는 말이다. 그러나 이것만으로는 상대도 이미 귀에 익은 이야기로 마음에 남지 않는다. 정말로 기꺼이 감사하는 마음이라면 다시 한 번 도와주고 싶다는 생각이 상대방에게 들지도 모를 일이다. 그러므로, 예를 들어 상대가 나를 간병해 주었다면 그 사례를 말하는데 있어,

"전날은 여러가지로 폐를 끼쳐서…, 정말로 고마왔습니다."

보다는,

"병중에 많은 호의를 베풀어 주셔서 정말 감사했습니다. 덕분에 이제 아주 좋아져서, 앞으로 출근할 예정입니다. 여하튼 이쪽에 친척이 없기 때문에 퍽 불안한 생각도 했었지만, 이렇게 친절하게 돌봐주셔서 고향에 계신 어머니를 상기했습니다……"

라고 하는 편이 감사의 마음이 보다 깊이 전해진다고 하는 것이다.

(1) 구체적으로

　얼마나 자신이 기뻐했는지를 구체적으로 표현한다. 편의를 제공해 받은 사례라면, 그 결과 자신이 얼마나 유리했는지를 보고하면 상대가 기뻐한다.

(2) 극단적인 과장을 피한다

'지옥에서 부처를 만난다고 하는 것은 바로 이 경우입니다.' '이 은혜는 평생 잊지 않겠습니다' '보답으로 어떤 일이라도 하겠습니다' 등 과장된 표현은 '마음에도 없는 인사치례'라고, 오히려 역효과가 날 우려가 있다.

(3) 작은 일이라도 선뜻

아주 대단치 않은 호의에 대해서 일일이 '고맙습니다'라고 말할 수 있는 사람은, 타인으로부터 항상 호감을 갖고 대접받을 수 있다.

신문배달, 우유배달 아저씨와 현관에서 만나면 '정말 고맙습니다. 수고하세요'라고 선뜻 말한다. 회사에서 여자 사원에게 차 대접을 받으면, '고맙습니다', 물건을 사면 '고맙습니다', 하고 입에서 '고맙습니다'가 줄줄 나오게 되면 당신의 사례도 몸에 배인 것이라고 말할 수 있으리라.

5. 길을 묻는 방법

처음 방문하는 집을 찾지 못해 헤맨 경험은 누구나 한 번쯤은 있을 것이다. 약속 시간은 다가오고, 사람에게 물어도 알 길이 없고, 비라도 내릴 것 같으면 그야말로 막막하다.

물을 사람을 선택한다

깔끔하게 구두를 신고 종종걸음으로 걷는 사람보다도, 슬리

퍼를 신고 어슬렁 어슬렁 걷고 있는 사람(근처에 살고 있는
사람이 많다)에게 물어본다. 가게라면 쌀가게, 술집, 우유가게,
야채가게, 신문보급소 등, 배달하는 상점, 또는 그곳의 점원,
정원을 쓸고 있는 가정주부에게 묻는 것도 좋은 방법이다.

묻는 법에 주의

절대 수상한 것이 아니라고 하는 태도를 보이고, 온화하면서
도 정중하게 말을 건넨다.

"실례합니다. 말씀 좀 여쭙겠는데요. 혹 이 근처에 김형철
씨라고 하는 댁을 모르십니까."

"아, 여보세요. 길을 묻고 싶은데, ○○번지는 어느 방향이 되는지요."

"좀 묻고 싶은데, 광화문의 '에덴'이라고 하는 다방은 어떻게 가면 좋을까요?"

질문을 받는 측의 입장이 되어서 간단하고 정확하게 물을 것. 또한 방문하는 집의 특징을 상세하게──예를 들면, 새로 이사해 왔다. 개를 기르고 있다. 뜰에 큰 감나무가 있다. 볕이 잘드는 2층 건물의 신축 아파트──등등, 기억하고 있는 상황을 설명하면 상대도 생각해 내기 쉬워질 것이다.

다 물으면, '바쁘실텐데, 고마왔습니다.' '잘 알았습니다. 일부러 불러 세워서 변명할 여지가 없습니다. 고마왔습니다.' 등, 어찌할 바를 모르고 있다는 것을, 그리고 정말로 도움이 되었다고 하는 안도감이 순순히 전해지도록 감사의 뜻을 전한다. 제대로 찾아서 무사히 용건도 끝내고, 만일 돌아오는 길에 아까 길을 물었던 젊은 점원들과 마주치는 경우가 있다면, '조금 전에는 정말, 덕분에 도움이 되었습니다.'하고, 한 마디 인사를 하면, 방문처의 인상까지, 질문받은 사람에게 있어서는 유쾌한 것이 될 것이다.

5가지의 접객 기본 용어

1. 고맙습니다.
2. 알겠습니다.
3. 미안합니다.
4. 죄송합니다.
5. 기다리시게 했습니다.

이상의 5가지가 인상 좋은 접객 용어이다. 특별히 어려운 말을 사용하지 않고 이 5가지를 적당히 구분해서 사용하기만 해도 된다. 말은 미사여구를 늘어놓는 것이 아니고, 얘기하는 본인의 작은 배려가 중요한 것이다.

이런 말이 갖는 좋은 인상은 바로 '마음'이 문제다. 기계적으로 사용되면 효과가 없다. 이 점에 주의하기 바란다.

6. 능숙한 소개 방법

친구를 소개한다

두 사람이 함께 길을 가다 다른 아는 사람을 만났을 경우, 옆 사람에게 소개를 해야 할 때는,

"소개하지요. 이쪽은 A군, 고교 시절의 동급생으로 ○○상사에 근무하고 있습니다."

"이쪽은 B군, 이웃집 주점의 아들로, 코흘리개 어린 시절부터 같이 놀던 친구입니다."

라고, 우선 소개한다. 그리고 소개받은 사람끼리 스무스하게 이야기할 수 있는 기초를 만들어 주는 것이다.

"이봐, A군. 자네에게도 얘기했었지. B군은 최근 요트 조종을 배우고 있다고. 자네도 올 여름 처음 에노시에서 탔다고 하던데, 재미있지 않았나?"

라고, 두 사람의 흥미에 어필하는 공통 화제를 꺼내거나,

"조금 이르지만, 자네가 내게 부탁한 예의 건말이야, 나 따위보다는 B군 쪽이 훨씬 자세히 알고 있으니까 직접 들어 보지 않겠나?"

소개받은 당사자가 곧 이야기할 수 있을 것 같은 회화로 옮겨 가는 것이 능숙한 소개라고 말할 수 있을 것이다.

많은 사람 중에서 소개한다

서클, 클럽 활동, 그 밖의 집회에서 새로운 회원을 소개하는 일례.

"여러분, 본론으로 들어가기 전에 새로운 회원을 소개합니
다. 내 옆에 있는 분은 오늘 입회한 이민우씨입니다.

이민우 씨는 서울 ○○고교를 40년에 졸업하고, 현재
××주식회사 기술부의 일원으로 있습니다. 이전부터 옛 사찰
이나 불상에 흥미를 가졌지만, 우연히 전날 신문에서 우리들
의 연구회를 알고 이번 회부터 회원이 될 수 있기를 희망하고
계십니다."

이와 같이 이름, 직업, 입회 동기(입사 등 필요에 따라서 뭐든
지)의 세 가지만은 분명히 모두에게 전달한다. 또한 인품 등에
대해서 깨끗이 언급하는 것도 좋고.

"외관은 보시다시피 위엄 있는 풍모를 하고 있지만 상당한 유머리스트로, 친구들은 그의 연발적인 익살에 시달리고 있다고 들었습니다."

등이라고 미리 들은 바 있는 장점 한 가지를 피로하면 친해지기 쉬운 분위기를 만들 수 있다.

연인이나 약혼자의 소개, 직장에서의 소개, 사업 관계자에 대한 소개 등 일상 생활 중에는 여러 가지에 대해 소개하거나, 소개받거나 할 기회가 있지만, 이때 간단하게 필요 사항을 얘기해서 상대의 긴장을 풀도록 하는 것이 중요하다.

7. 능숙한 자기 소개 방법

자기 소개 방법

친구 등의 소개로 처음 사람과 만났을 때, '처음 뵙겠습니다.'라고 하는, 이 짧은 말 한 마디만이라도, 인사 방법이 정중하다면 좋은 인상으로 남게 된다. 훌륭한 사람이라도, 또 손 아랫사람이라도 이 한 마디로 충분한 것이다. 말이 짧다고 하는 이유로 실례가 되지는 않는다. 또한, 장황하게 늘어 놓을 필요는 없지만, 예를 들자면,

'처음 뵙겠습니다. 아무쪼록 잘 부탁합니다.'

'처음 뵙겠습니다. ○○○라고 합니다. 아무쪼록 잘.'

"처음 뵙겠습니다. 소문은 진작부터 들었습니다. 꼭 한 번 뵙고 싶었습니다."

중개자가 없을 때

회합이나 파티에서 주인역의 사람이 바빠서 소개하는 것을 잊고 있는 경우나, 손님과 손님을 좀체로 소개하지 않는 경우도 있다. 이와 같은 때 옆 좌석의 사람들에게 자기 소개를 하지 않으면 안될 경우가 있다.

'자기 소개를 하겠습니다. 저는 ○○○라고 합니다. 주인의 동료입니다.' 등.

차 안에서 서로 알게 된 사람에게

'나는 ○○입니다. 서울까지 갑니다'라고 간단하게.

사람과 사람을 소개할 때

소개하는 순서로써, 우선 손아랫사람을 손윗사람에게, 다음에 손윗사람을 손아랫사람에게 소개한다.

소개는 장황하게 설명할 필요는 없다. 자세한 얘기는 소개 후에 당사자끼리 이야기하는 편이 좋은 것으로, 소개자는 상대에게 양자의 이름과 직업을 간단히 설명하는 정도로 그만둔다.

예를 들면, 회사의 상사와 자신의 친구를 소개하는 자리라면,

"과장님, 이쪽은 제 친구인 ○○○ 씨입니다."

"○○○ 씨, 이쪽은 저희 회사의 과장인 ××× 씨입니다." 라고 하는 식으로.

타인과 자신의 가족이라면, 우선 타인에게 자신의 가족을,

다음에 그 반대.

　"아주머니, 이쪽은 제 사촌인 ○○○입니다."

　"○○○ 씨, 항상 신세를 지고 있는 이웃집 아주머니입니다."
라고 하는 식으로.

　대개의 경우에 있어서는 손아랫사람을 손윗사람에게 먼저
소개하고, 다음에 손윗사람을 손아랫사람에게 소개하는 것이
순서이다.

8. 식사의 권유 방법, 권유당하는 법

'함께 식사라도 하지 않겠나?'라고 말할 때에 조심하지 않으면 안될 점이 있다. 즉, 자신이 한턱 낼 예정일 때와, 각자 부담일 때의 권유 방법을 분명히 밝히지 않으면 안된다.

권유받는 쪽에서도 상대가 자신을 초대해 주는 것인지, 그렇지 않으면 자신의 몫은 자기가 내야 하는 것인지 판단이 서지 않을 경우에는 곤란할 경우가 많기 때문에, 그런 의미에서도 양자의 구별은 분명히 하는 것이 중요하다. 별로 한 턱 낼 계획은 없었지만, 마침 점심 때이고, 어차피 식사를 할 경우라면 함께 하는 편이 좋겠다고 생각하고 권유할 때에는,

"당신도 지금부터 식사 시간이지요? 어디에서 드실 예정입니까? 나는 ○○에서 먹으려고 생각하고 있는데, 그곳은 상당히 맛있어요. 함께 가는 것이 어떻겠습니까?"

라고 하는 식으로 권유하면, 이쪽에서 한턱 낸다고 하는 의미로는 받아들이지 않을 것이다.

'만일 괜찮다면, 식사 동행을 하고 싶은데'라든가, '식사를 대접하고 싶다'라든가, '초밥이라도 드시지 않겠습니까'의 경우는 분명히 초대가 되기 때문에 계산은 이쪽 몫이다. 이런 권유를 해 놓고 권유받은 사람에게 지불시키거나 하는 것은 에티켓에 매우 어긋나는 일이다.

권유받은 쪽에서는 상대방이 각자 부담할 예정으로 권유했다고 이해한 경우에는,

'그럼, 함께 갑시다'라고 대답하면, 각자 부담으로 권유에 응한 것이 된다.

'함께 합시다'도 물론 괜찮지만, 이것은 초대를 받고 초대에

응할 경우의 대답에 흔히 사용한다.

상대에게 한턱 받아 먹자고 할 때에는 '식사합시다'로는 전혀 안된다. 역시, 분명히 '한 턱 내'라고 하거나 '식사에 데리고 가'라든지, '대접해라' 등, 알아 듣게 교섭하지 않으면 통하지 않는다.

손님이나 친구를 외식에 초대했을 경우는 식사 전에 그 요리집이나 레스토랑, 다방에서 담당 사람에게 '동행인은 내 손님이니까, 그 예정으로'라고 분명히 해 두면, 나머지가 스무스하게 진척된다.

혹 웨이츄레스가 실수로 전표를 권유받은 사람 쪽으로 내밀었을 경우에 '그것은 안됩니다. 제가 지불합니다'라고, 전표를 잡아 당기거나, 상대에게 대접할 예정으로 여러 가지 주문해서 마음껏 먹은 후에 손님이 지불하거나 하는 꼴사나운 결과가 되지 않고 끝나는 것이다.

좋은 인상을 주는 말

'어서 오십시요——오십시요'는 누구나 말한다.

그러나 '참으로 잘 오셨습니다' '이것은 드문 일이군요'
'야, 잘 왔어요'

"오늘은 당신이 오실까 생각하고, 몹시 기다리며, 아침부
터 몇 번이나 시계만 보고 있었습니다."

"남편도, 아이들도, 오늘은 일찍 돌아와서 즐거운 마음으
로 나왔어요."

사소한 한 마디, 말을 많이 하는 만큼으로 상대의 마음을
기쁘게 하고, 그 사람에 대한 인상이 싹 변한다. 그것이
바로 '살아있는 말'이라고 하는 것이다.

9. 식사를 즐겁게 하는 말

함께 식사를 한다고 하는 것은 친밀함을 더하기 위해서 빼놓을 수 없는 일이다.

'이번 기회에 모여서 식사라도 합시다.' 이런 인사를 직장에서도, 친구간에도 우리들은 언제나 입밖에 내고 있다.

회식하는 즐거움은 멋있는 식사와 즐거운 회화에 있다. 그 어느 쪽이 빠져도 즐거움은 없어진다. 그럼, 식탁을 활기차게 하기 위해서는 어떤 점에 주의해야 될까?

식사 회화의 주의 사항

특히 식사용 회화라고 하는 것은 있을 리가 없지만, 식욕을 만족시키고 있는 시간은 위주머니를 위해서도 정신을 긴장시키는 것 같은 화제는 안된다. 또한 자기 혼자만 얘기한다거나, 특정한 사람하고만 얘기를 한다고 하는 태도도 바람직하지 않다. 테이블을 둘러싸고 있는 전원이 얘기하도록 진행해 가야만 한다.

식사를 즐겁게 하는 화제

잡담 중에서 각광받는 것은 유머있는 화제다. 식사와 관련된 것 중에서 두세 가지 예를 들면,

"달걀과 고래는 어딘가 비슷한 점이 있다, 어떤 점인지 알고 있나?"

식탁에서 나왔으니까, 아무래도 먹는 것을 연상한다. 그런데

답은,

"양쪽 모두 나무를 오를 수 없다."

는 터무니없는 것으로 맺어 버리는 것 같은 이야기도 식탁을 밝게 하는 방법이다.

"이 커피잔의 손잡이, 어느 쪽에 붙어 있는가?"

"왼쪽이다. 아니 마주 보아 오른쪽인가, 역시 왼쪽이다."

라고 이론이 백출한다.

"커피잔의 손잡이는 반드시 커피잔의 바깥쪽에 붙어 있고, 안쪽에는 붙어 있지 않은 법이다."

이런 가벼운 농담과 함께 한 사람 한 사람의 근황 등도 식탁에 오르내리는 화제이다.

주의해야 할 점

회식 때, 당신이 가령 심각한 고민을 품고 있어, '어때, 자네는?'하고 질문을 받아도, 가능한 한 밝게 행동해서, 고민을 털어놓고 이야기하는 것 같은 짓은 하지 말 것. 적어도 '예, 변함없어요. 여러 가지 걱정이 끊이지 않아요.' 정도의 말로, 반대로 되묻거나 하면 좋을 것이다.

또한 남자의 경우라면 여자 얘기, 음담패설 등을 나눌 수 있지만 너무 노골적인 것은 탐탁치 않다. 부드러운 수법으로 즐기도록 한다.

그 외, 사업 얘기에 열중하지 말 것. 타인의 프라이버시를 침해하는 중상은 그만둘 것 등은 흔히 일컬어지는 주의 사항이지만, 요는 전원이 기분 좋게, 쾌활하게 식사를 마치면 될 정도의 얘기다.

남에게 호감을 사고, 웃음을
유발······시키는 법

10. 남에게 호감을 사는 말

원고를 보내 온 한 여성에 대한 체홉의 대답이다.

"당신의 소설을 잘 받아 보았습니다. 상당히 재미있게 되어 있더군요. 내가 만일 잡지사 기자였다면 기꺼이 싣겠습니다. 그러나 독자의 입장에서 한 마디 충고를 하겠습니다. 불행한 사람들을 그려서 독자의 마음에 호소하려고 하는 것이라면 좀 더 냉정한 서식이 필요할 거예요."

처음부터 당신은 서투르다, 이 원고는 되어 있지 않다고 호되게 꾸짖는 것에 비해서, 체홉의 따뜻한 인품을 느끼게 하는 말이 아닐까.

남에게 호감을 사는 말의 요령은

1. 항상 상대를 치켜 세워서 얘기할 것.

2. 의견의 일치를 찾아내도록 얘기할 것.

3. 상대가 받아들이기 쉬운 말씨를 사용할 것.

이 세 가지를 유의하고 있으면 당신은 남에게 호감을 산다.

가령 사고 방식에 엇갈림이 있어도,

"자네가 하는 말은 잘 알겠다. 나도 거기에는 동감해. 그러나 이런 사고방식도 있을 수 있지 않은가."

"이번 사건은 현재의 자네라면 무리 없으리라 생각하는데."

라는 말을 들으면, '아 내 기분을 알고 있는 친구가 있구나'하고, 상대는 점점 더 당신을 좋아하게 될 것이다.

"이 우려할 만한 더러운 세상에, 나는 단호히 경종을 울리고 싶어요. 본래 오늘날의 대중의 우매와 그들의 무사상성은 사육된 대뇌의 이완작용이라고나 할까."

라고, 함부로 한자를 사용하거나 일부러 서양글만 늘어 놓고 자신만만해 하고 있는 것은 자기만족 이외의 아무 것도 아니고, 듣는 사람을 무시한 말이라고 할 수 있을 것이다.

'매우 재미있는 의견이다'라고 말하고 싶은 것이라도, '자네가 얘기하고 있는 것은 난해하고 독선적이다'고, 오히려 반발하고 싶어지는 것이다.

11. 첫대면에서 호감을 사는 이야기

여러 가지 기회에 소개를 받거나, 자기 소개 등을 하지 않으면 안될 경우가 많을 것이다. 첫인상은 그 이후의 교제를 위해서도 매우 중요하다. 한 번 나쁜 인상을 주게 되면 그것을 바꾸기

48

가 상당히 어렵기 때문이다.

처음 만났을 때에, 도대체 이 사람은 어떤 사람인가, 라고 하는 흥미가 앞서서 여러 가지 일을 한꺼번에 질문하는 것은 상대에게 심문받고 있는 듯한 인상을 주어 좋지 않다. 그렇다고 해서 한 마디 말도 없이 상대가 하는 말에 맞장구만 치는 것도 바람직하지 않다. 수다는 번거롭게 생각되고, 지나친 무언(無言)은 상대방을 거북하게 만든다. 극히 있는 그대로의 자신을 상대방에게 보이면 되는 것이다. 그러면 어떤 점에 신경을 써야 첫대면의 사람에게 호감을 살 수 있는 것일까.

첫째, 상대의 눈을 볼 것

그러면 그 사람에게 자신의 성실, 진지함이 전달된다.

둘째, 상대의 얘기에 관심을 가질 것

이 마음은 자연히 태도에도 나타나게 된다.

셋째, 상대의 취미를 알아둘 것

그리고 그 취미에 대해 얘기를 해 가는 것이다.

넷째, 좋은 듣기 상대가 될 것

좋은 듣기 상대가 되는 것은 좋은 얘기 상대가 되는 것으로도 통한다.

다섯째, 경력은 묻지 않는다

'어느 대학을 나오셨습니까'라고, 우리는 곧잘 묻게 되는데, 이때 일류대학을 나왔다고 콧대를 세워서 대답할 수 있는 사람이라면 좋겠지만, 이류대학을 나온 사람이나 또는 대학을 나오지 않은 사람도 있을 것이므로 신중해야만 한다.

여섯째, 이야기를 크게 좌우하는 것은 표정이다

말은 반드시 표정을 수반한다. 표정은 마음의 거울이라고 해서 아무리 가장해도 어딘가에 진실을 반영하는 것이다. 미소를 띄우고 대하면 반드시 상대에게 좋은 인상을 주게 된다.

이상과 같은 점에 주의해서 첫대면인 사람과 접하게 되면 당신의 호감도는 백이 될 것이다.

12. 능숙한 이야기의 듣는 법

상대의 마음을 끌어서 상대를 유쾌하게 하는 비결, 그것은 아마도 얘기를 잘 들어 주는 것이라고 생각된다.

그럼, 얘기를 잘 듣는 비결을 조목별로 설명해 보기로 한다.

1. 이야기의 허리를 꺾지 말 것

'그 녀석은 어떨까 하고 생각해요' '그 얘기라면 나도 알고 있어요'라고 하는 식으로, 상대 이야기의 허리를 꺾어서는 안된다. 시작한 이야기를 중도에서 그만두는 것도 부자연스럽고, 그렇다고 해서 듣는 사람에게 흥미가 없을 것 같은데도 불구하고 끝까지 이야기한들 조금도 활기를 띠지 않는다.

2. 상대가 하는 얘기에 반대하지 말 것

'그런 경우도 있군요' 정도라면 얘기해도 괜찮을 것이다. 그것은 상대의 이야기를 재촉하는 작용만 한다. 그러나 노골적인 반대는 안된다.

"그런 일은 없을 것이다."

"내가 들은 것은 그렇지 않아요."

"거기에는 찬성하지 않아요."

라고 하거나 하면, 상대는 이야기를 계속할 수 없게 된다. 자신이 얘기하는 사람의 의견에 반대하거나, 이야기가 이상하다고 생각해도,

"저런, 그렇습니까."

"그것이 당신의 의견이군요."

라고 해서, 어쨌든 끝까지 듣지 않으면 안된다.

3. 적극적으로 관심을 보인다

이야기의 요소요소에서 맞장구를 치거나, '그래서?'라고 재촉하거나 해서, 얘기하는 사람에게 얘기할 맛을 느끼게 한다.

4. 빗나간 이야기를 되돌린다

'확실히 그래요. 나도 항상 그렇게 생각하고 있습니다'라고, 맞장구를 쳐 두고, '그런데 조금 전의 이야기인데……'하고, 먼저의 이야기를 계속하도록 재촉해서 이야기를 되돌리도록 하면 되는 것이다.

5. 몸 전체로 듣는다

'무심결에 앞으로 무릎을 내밀며 다가앉는다' '잡아 먹을 듯이 입가를 주시한다'고 하는 말이 있듯이, 귀로만 듣는 것이 아니라 몸 전체로 이야기를 듣지 않으면 안된다.

13. 웃음을 유발하는 화술

웃음은 인간 관계를 부드럽게 하는 훌륭한 윤활유 역할을 한다. 텐션 민족이라고 일컬어지고 있는 우리나라 사람은 죠크라든지 유머를 자유자재로 구사하는 것을 골칫거리로 여기고 있는데 자유자재로 선뜻 발언하는 습관이 붙어 있는 현재, 죠크를 던져서, 회화를 즐기는 일이 훨씬 두드러진 것 같다.

엄밀히 말하자면, 같은 웃음 중에서도 유머와 농담은 구별되어야만 하는 것이지만, 삶을 즐겁게 하고, 타인에게 웃음을 제공하는 정신은 공통되어 있기 때문에 같이 취급해서 권장하기로

한다.

가벼운 실패담을 피로한다

덜렁이, 익살꾼은 항상 웃음의 재료가 된다. 당신의 대단치 않은 실패를 드러낸다 해도 누구 한 명 당신을 진짜 바보라고는 생각하지 않는다.

"오늘 아침에 말이예요. 역의 홈을 있는 힘을 다해 뛰어 올라 가니 전차가 막 떠날려고 하지 뭐예요. 그래서 쏜살같이 뛰어 오르려고 한 순간, 문이 닫혀서 이마를 탁 부딪쳐 버렸어요. 아픈 것과 부끄러움으로 얼굴이 확확 달아 올랐어요……"

눈 깜짝할 사이의 기분 전환으로 상대방을 웃긴다

Y라고 하는 어느 나라 수상은 원맨으로서 유명한데, 일류 유머리스트로서도 알려져 있다.

어느 날 방문한 신문기자가 일상의 음식물에 대해서 질문했더니,

"나는 사람을 잡아 먹어요."

라고 대답했다고 한다.

또한 Y씨가 수상으로 있을 무렵, 눈바람이 퍼붓는 노천에서 연설을 하고 있었다. 그러자 청중 중에서,

"이봐, 원맨, 외투를 입은 채 연설하는 것은 무례하지 않은가! 벗고 얘기해!"

라고, 야유가 날아들었다. 그러자 Y씨는 조금도 당황하지 않고,

"이것이 진짜 외투 연설입니다."

라고, 재치있는 말로 답하여 박수가 들끓었다고 하는 이야기가 있다.

사람의 의표를 찌른다

상대가 예상도 하고 있지 않는 응답을 해서, 나중에 아아, 그렇구나 하고 생각하게 하는 웃음.

"자네, 디저트란 무슨 말인지 알고 있나?"

"물론 영어죠."

"아니야, 후식이란 말이야."

"더 피넛은."

"쌍둥이다."

이것은 알고 있지요.

"빠 · 캬바레 · 카페 · 살롱 · 클럽 등은 무슨 말이지?"

"여러가지 외국어지요."

"아니야, 전부 술집이예요."

어조 맞추기(신소리)

소위 '서투른 익살'이 이 속에 포함된다.

"아침 출근길에 ○○ 역에서 사람이 쓰러져 상처를 입었다고 해요."

"홈에서 말이예요? 그렇지 않으면 전차 안에서 말이예요?"

"○○○에 있는 보석상에서 산 진주예요."

"그 진주 주지 않겠나?"

"○○○○ 역전에 있는 커피는 국내 최고라고 생각해요."

"그렇게 일류라고는 말할 수 없어요."

라고 하는 식으로, 툭툭 나와주면, 상대도 웃지 않을 수 없을 것이다.

14. 누구나 즐거워하는 능숙한 축하 방법

어느 때, 괴테의 친구가 괴테를 향해서 꾸짖듯이 말했다.

"당신은 우리들을 불쾌하게 했어요."

"뭐라고?"

하고, 괴테는 미심쩍은 듯이 친구의 얼굴을 보았다.

"당신은 저런 훌륭한 노래책을 내놓으면서, 지금까지 한 마디 말도 하지 않았기 때문이죠."

'불쾌'라고 하는 말로 상대에게 불의의 기습을 해 놓고, 그 업적의 가치를 높이 칭찬한 것으로, 또한, 같은 칭찬에도 인상에 남는 훌륭한 칭찬 방법이라고 말할 수 있을 것이다.

이런 칭찬 방법은 어떨까.

중앙에서 파견된 목사가 시골의 작은 교회에서 설교했을 때 한 사람의 순진하고 말재주가 없는 남자로부터 찬사를 받았다.

"선생님, 오늘 설교 때는 여느 때의 말뚝잠을 잘 수 없었습니다."

칭찬받고 나쁘게 생각하는 인간은 거의 없다. 남녀를 불문하고, 새로운 양복을 입었을 때는 썩 잘 어울린다는 말을 들으면 기뻐할 것이고, 집을 신축하면 내부 장식, 정원 등에 대해 한마디 칭찬을 받고 싶을 것이다. 일상 일이라도 그렇다.

그러나 상대를 진심으로 기쁘게 하려면 인사치레의 미사여구를 늘어 놓아서는 안된다. 그러기 위해서는,

1. 상대의 개성을 파악해서, 그것을 강조한다

개성이 강하면 그만큼 결점도 두드러진다. 그 결점에 눈을 감고, 상대의 장점을 칭찬하도록 한다. 그렇게 하면 상대에게 자신을 갖게 하는 결과가 되는 것으로, 헤아림 있는 칭찬 방법이라고 말할 수 있다.

2. 자신의 말로 칭찬한다

전술한 목사를 칭찬한 남자는 딴 곳에서 빌려 온 말이 아니라, 어디까지나 자신의 감상을 전달한 것이다. 칭찬한다고 하는 것은 자신이 감동해야만 비로소 상대를 기쁘게 하는 말이 나오는 법으로, 부자연스러운 아부는 칭찬이 아니다. 솔직하게 감동을 전달하는 자신의 말을 찾아 내도록 한다.

3. 일상의 흔한 일로 칭찬한다

'자네의 그 일은 좋았어'라든가, '자네는 용케 이렇게 깨끗이 쓸 수 있군'이라고 하는 정도의 일이라도 괜찮다. 큰일로 칭찬하

는 것보다도, 그런 일을 칭찬하는 것이 오히려 자연스럽고, 남에
게 기분좋게 받아들여지는 것이다.

15. 기쁨을 주는 아기의 칭찬 방법

아기를 칭찬할 때 '미인이군요'라고 하면 별로 기뻐하지 않는
다. 아직 어떤 얼굴 생김새가 될지, 전혀 반듯하지 않은 붉은
얼굴의 포동포동한 아기를 붙들고, 미인이라고 말하면, 솔직하게
받아들일 수 없기 때문이다.

또한, '아주머니를 닮았군요. 똑같아요, 정말로'라고 강조하는
것도 생각해 볼 문제다. 만일 그 아주머니가 처녀 시절에 아름
다웠던, 깨끗하게 늙은 사람이라면 물론 칭찬이 되겠지만, 미
(美)라고 하는 것과는 전연 인연이 먼 쭈글쭈글한 아주머니에게
는 가령 닮은 듯이 보여도 그렇게 말하지 않는 편이 좋을 것이
다.

누구와 비슷한지, 아직 얼굴 생김새가 확실하지 않은 아기
의 가장 무난한 칭찬 방법은 '아버지를 닮았군요'라고 하는
말이다.

모친은 실제로 자신의 배에서 태어난 아기이기 때문에 닮든
닮지 않았든 별로 신경쓰지 않는다. 여기에 반해서 부친은 닮으
면 닮을수록 자신과의 유대의 깊이를 느끼고 기뻐하는 것이
다.

그러나 그 때라도 '눈이 가는 것이나 입을 크게 벌리고 우는
것이 아버지 닮았군요.'라고, 여자 아이를 비평해서는, 그것이

사실이라도 실망시키게 된다.

아기를 핸섬하다, 미인이다, 라고 하는 식으로 칭찬하는 것은 별로 적당한 칭찬 방법이 아니다. 아직 완성된 얼굴을 하고 있는 것이 아니기 때문에, 빤한 아부로밖에 들리지 않는다.

그보다는 오히려 '크고 맑은 눈을 하고 있군요……' '머리털이 검고 깨끗하군요' '피부가 희고 깨끗한 아기군요……' '토실토실하고 튼튼한 것 같군요' '이런 아기를 옥같은 남자아이라고 하는 거로군요' '건강한 것 같은 사랑스런 아기로구나' '얌전하게 있네요. 아주 기분 좋은 아기로군요' 등이라고 말하면, 아부같지 않게 순순히 받아들일 수 있다. 또한 그만큼 듣는 쪽의 기쁨도 큰 것이다.

16. '기쁨' '호의'를 전달하는 이야기

자신의 행위가 타인에게 기쁨을 주거나 호의적으로 받아들여지는 일은 즐거운 것이다.

그러나 사람에 따라서는 기쁜 것인지, 기쁘지 않은 것인지 표정이 전혀 변하지 않는 사람이 있다. 이런 사람 중에는 기쁘지만 멋적다든가, 반드시 기쁘기 마련 아닌가, 라고 하는 식의 사람도 있겠지만, 기쁨이나 호의를 전하는 이야기가 서투른 탓도 있으리라 생각된다.

슬픔, 노여움을 지나치게 표정에 나타내지 않는 것도 필요하지만, 적어도 기쁨은 순순히 표현하기 바란다. 눈의 광채, 말의 여운도 자연히 기쁨을 전할 수 있을 것이다. '굉장히 즐거웠어

요' '정말로 즐거운 시간을 보냈습니다'라고 하는 한 마디에도
실감이 담겨진다고 하는 것이다.

　"야, 정말 고마워. 자네라는 사람 정말로 생각이 두루 미치는
　사람이란 말이야."

　"일부러 와 주셔서 고마왔습니다. 또 가까운 시일내에 들러주
　십시요. 남편도 당신의 방문을 낙으로 삼고 있습니다."

　"와, 굉장해. 이런 곳에 오는 거 태어나서 처음이야. 매우 멋져.
　어쩐지 꿈을 꾸고 있는 것 같다."

등, 말씨에 관계없이 솔직히 기쁨과 호의를 표현하고 있다.

　'자네의 기뻐하는 얼굴이 보고 싶군' '오늘은 자네를 기쁘게

해 주려고 생각하고' 등, 우리들은 타인을 기쁘게 해 주면, 자신
도 기쁜 마음이 된다.

"이거, 맛있다. 항상 미안했단 말야, 마음껏 먹어. 혼자 살면
변변치 않은 것밖에 먹지 못할텐데. 자네도 들어요. 없어져
버리기 전에."

이와 같은 말투라도, 절대 실례되는 말이 아니고, 듣는 쪽에서
대접한 보람이 있다고 하는 것.

"굉장해. 이거 내게 준단 말이야? 어머나 기뻐라! 기다려요.
지금부터 맛있는 요리 만들테니까."

이렇게 여성이 기뻐해 주면 기쁘게 여기지 않을 남성은 거의
없다. 사례의 말을 하긴 해야 하는데, 하고 망설이지 말고 솔직
하게 기뻐하면 되는 것이다.

17. 회화의 능숙한 권유 방법

회화는 항상 얘기하는 사람과 듣는 사람에 의해 이루어지고
있다. 즐겁게 얘기하고 능숙하게 듣는다. 차례 차례 이야기가
활기를 띠고, 무심결에 시간이 흐르는 것을 잊어 버린다. 그런
즐거운 기분이 된다. 솜씨가 좋은 회화 발전법——그것을 위해
모르고 있으면 안될 나쁜 예는——

"점점 추워져서 아침에 바로 잠자리에서 일어날 수 없어요."

"허어."

"이 상태로는 오랜만에 추운 11월의 유일장이 될 것 같아
요."

"허어."

"나돌아다닐 일이 많은 당신은, 이제부터 큰 일이겠지요."

"허어."

이래서는 얘기하는 사람의 일방통행으로, 모처럼 즐거운 잡담을 할 작정이던 상대도 '그럼 안녕히 가세요'라고 하는 식이 되어 버린다. 가장 효과적인 예는——.

"올 겨울은 뛰어서 찾아온 것 같아요."

"정말. 설악산에는 이미 첫눈이 내렸는데, 예년보다 20일이나 빠르다고 해요."

"이제 곧 11월 유일장인데, 오랜만에 어린 시절과 같이 집안의 화로가 그립군요."

"역시 세모를 느끼게 하는 풍물이니까, 작년과 같이 따뜻하면 겨울을 나타내는 말도 못되지요."

"당신과 같이 나돌아다니는 장사라면 큰 일이지요, 앞으로."

"아니, 나는 추위에는 비교적 강한 편이지요. 여름 더위가 제일 괴롭습니다."

전례와 비교해서, 듣는 사람이 능숙하다면 이와 같이 회화중에 그 사람의 지식, 체험담 등이 아무렇지도 않은 듯이 짜여져서 내용이 재미있게 된다.

이와 같이 응답 중에 자신의 지식을 끼워 상대측으로부터 새로운 화제를 이끌어낸다. 반대로 반문한다. 그 속에 자신도 함께 즐기려고 하는 자세가 있으면 회화는 저절로 활기를 띠게 되고 점점 발전해 간다.

'남의 이야기를 잘 듣는 사람'이 되는 비결

— 맞장구 치는 방법 —

　* 관심을 보이는 맞장구

'음, 음' '에' '허어' '헤에' '그래서?' '그런데?'

　* 동감을 보이는 맞장구

'그렇고 말고' '당연하죠' '정말로' '그대로다'

　* 동정을 보이는 맞장구

'저런 저런' '그거 안됐군요' '이해합니다' '가엾게' '……'

　* 기쁨을 보이는 맞장구

'그거 잘 됐다' '멋져요' '굉장하다'

　* 놀라움을 보이는 맞장구

'정말이야?' '설마' '믿을 수 없어요' '어머나' '깜짝 놀랐어요.'

실패, 절망의 마음을 위로하는……법

18. 비관해 있는 상대를 위로하기 위해서는

일, 연애, 시험 등에 실패한 친구의, 풀이 죽어 고개를 숙인
모습을 보는 것은 가슴 아픈 일이다.

사업에 실패한 상대에게는
"자네로서는 최선을 다한 실패이니까, 방법이 없단 말이야."
"자네와 같은 입장에 놓였다면 누구나 그 이상의 일은 할
수 없다네."
"자네는 재능이 부족한 게 아니야. 기회가 오지 않으면 어쩔
도리가 없지 않은가. 찬스는 반드시 있어."
실의에 잠겨 있는 상대 속에 솔직히 들어가서 온화하게 위로
하는 것이 중요하다.

실연한 친구에게는

"자네가 가슴 아파하는 것은 잘 알아요. 하지만 그렇게 끙끙
거리지 말아요."
"사랑의 아픔은 시간과 함께 희미해져 간다고 하더군. 그녀
또한 틀림없이 괴로와하고 있을 거예요."
"인간은 늘 성장해 가는 거야. 봐, 프랑스의 샹송에 있지 않은
가. '나를 버리고 간 여자가 내게 새로운 인생을 찾아 주었
다'고 하는 노래가."

어떤 경우에도 사용할 수 있는 말
'자네 , 칠전 팔기다' '인생 도처에 청산이 있지' '이제부터가

아닌가. 자네는 아직 고생이 부족한 탓이야'태양과 쌀밥은
붙어 돌아다닌다고 하지 않는가.'

'살면 도시야, 전근한다고 해서 그렇게 실망할 것은 없어요.'

'노력하고 있는 한 실패는 으레 따라다니는 거다''응응, 자네
의 말대로다. 알아, 그 기분. 나도 어쩐지 슬퍼진다.'

미이라 취급의 미이라가 되지 않도록, 상대의 기분에 완전히
빠져 버려서는 위로할 수 없게 된다.

자네 뿐만이 아니다, 왕왕 인생에는 있는 일이다——자네보다
비참한 사람도 있어요——누구나 경험하고 있는 일——너무 지나
치게 생각하지 않는 편이 좋다——기분 전환도 하나의 방법일
것이다. 등의 내용으로 자기 나름대로의 방법을 가지고 위로하
면 될 것이다.

19. 절망하고 있는 상대를 위로하기 위해서는

격려하기 위해서는 상대의 마음에 스며 드는 것 같은 부드러
움과 함께 희망을 갖게 하는 말이 필요하다.

자신의 생명을 불안하게 생각하는 환자에게, '자 걱정하지
말고 기운을 내세요'라고 하는 것보다도, 같은 병에 걸린 사람,
혹은 그보다도 좀 더 중병에 걸린 사람이 어떻게 회복해서 건강
해졌는지 알리는 편이 효과가 있을 것이다.

"나도 결혼했지만 상대가 좀체로 없었어요. 내년이면 30이
되는데."

라는 말을 듣고,

"결혼하는 놈은 바보예요. 평생 독신으로 보내는 편이 마음
편해요."

라고 하는 것보다는,

"사려있는 남자는 대부분이 만혼이예요. 빨리 서둘러서 후회
하기 보다 다소 늦다 해도 인생의 반려자를 제대로 찾는 것이
더욱 중요해요."

라고 하는 편이 희망을 갖게 하는 격려가 된다.

학교 선생이 아무리 노력해도 성적이 오르지 않아 비관하고
있는 학생에게 '그럭저럭하는 사이에 틀림없이 효과가 나타날거
야'로는 위로는 될지언정 격려는 되지 못한다.

본인은 좋아질 가망이 없기 때문에 비관하고 있는 것이다.
이 경우는 구체적인 방법을 친절하게 가르쳐 주는 것이 적절한
격려가 된다.

실연해서 풀이 죽어 있는 친구에게,

'이봐 기운 내' '여자 따위 다른 데에 흔해 빠지지 않았나'
'자네의 성의가 통하지 않는 상대라면 가령 반려자가 되어도
소용없지 않은가' 등, 격려할 셈이었지만, 친구의 입장에서 보
면 이러한 말들은 '시끄러워, 내버려 둬 줘'하고 말하고 싶어지
는 대사이다.

중요한 것은 상대의 침체된 기분을 솔직하게 느낄 수 있는
마음가짐이다. 격려하는 흉내만으로는 소용없다.

"어떻게 하겠나. 기쁠 때는 함께 기뻐해 온 우리들이다. 자네
의 그런 풀이 죽은 얼굴을 보면 나까지 기분이 탁 꺾여 버
려. 무슨 일인지는 모르지만 기운내."

말은 거칠지만 친구를 격려하는 말로써 진실이 담겨 있다.

20. 마음의 갈등을 끊는 이야기

설득이라고 할 정도의 일도 없이, 상대가 이랬다 저랬다 방황
하고 있을 때에 어느 쪽인가 한쪽을 억지로 결단시키는 것은
상당히 중요한 테크닉이다.

결단의 힌트(1)

"나, 라면과 냉면 중에서 어느 것으로 할까."

"빨리 어느 쪽인가로 결정해, 시간이 없으니까."

이래서는 불친절한 말투가 된다.

"이집 라면, 굉장히 맛있다고들 해."

라고 말하면 라면을 선택하게 될 것이다. '맛있는 평판'이라고 하는 신재료가 결단을 재촉한 셈이다.

인간은 한 가지 일을 결정해 가는데 있어서 끊임없이 마음 속으로 결단을 내리고 행위를 선택하고 있다고 말할 수 있다. 결단을 내리기 곤란하다고 하는 것은 두 가지 또는 그 이상의 결론으로 좁혀져서, 어느 한 쪽으로 결정하기 어려운 상태이기 때문에, 말하자면 저울의 좌우 무게가 같은 셈이다. 그래서 약간 한 쪽을 손가락으로 쿡쿡 찌르면 찌른 쪽이 기울듯이, 기분도 어느 쪽인가를 좀 무겁게 할 만한 재료가 외부에서 주어지면 무거워진 쪽으로 기운다고 하는 것이 된다.

결단의 힌트(2)

"A군과 B군 어느 쪽에게 맡길까, 이 일."

A군에게도 시키고 싶고, B군에게도 시키고 싶다. 그러나 분담 해서 할 일은 아니다.

"글쎄요. A군은 이달 철야를 2번이나 해서 조금 힘들어 하는 기색이니까, 이것은 B군에게 맡기면 어떨까요."

"그래, 그래. 잊고 있었어. A군의 철야를. 그럼 B군에게 시킬 까."

이것은 새로운 재료가 판단에 더해진 결과 하나의 결론이 나온 예이다.

결단의 힌트(3)

"A제품과 B제품, 어느 쪽을 사야할지 갈피를 못잡겠어요."

"그렇다면 A로 하십시오. 그저께 신문기사에서도 굉장히 칭찬하고 있었어요."

이것은 신문이라고 하는 하나의 권위로 무게를 더하는 예이다.

'선생님이 말씀하셨다' '부장의 의견으로는' '마르크스도 쓰고 있듯이' 등등, 사람에 따라서 여러 가지 좋아하는 권위는 있는 것 같은데, 확실히 방편으로써 효과적이다.

결단의 힌트(4)

"A사와 B사에 모두 합격했어요. 가능하면 A사에 들어가고 싶지만 평생 안간힘을 쓰며 지내지 않으면 안될 것 같은 기분이 들어요. B사에도 버리기 어려운 맛이 있으리라 생각해요."

"그야 절대 A사에 들어가야만 해. 우선, 자네는 합격하지 않았나. 자네라면 해 나갈 수 있어. 그런 일로 방황하다니 자네답지 않군."

상대를 분발하게 함으로써 자발적으로 판단의 경중을 결정시키는, 말하자면 정신적 원조라고 하는 것이다.

21. 마음을 밝게 하는 거짓말 기술

거짓말이란 없는.일을 있는 것 같이 말하는 기술이다.

병으로 몇 개월이나 누워 있는 환자에게, 아무리 진실이라고

해도 '자네는 이제 3개월 정도밖에 견디지 못해'라고 말하는 것은 가혹하다.

그래서,

"반년 정도 지나면 일어날 수 있게 돼요. 느긋하게 요양해요." 라고 거짓말을 하게 된다. 그러나 그것이 거짓말로 들린다면 진실을 있는 그대로 알리는 것보다도 더욱 나쁜 결과가 될 것이다.

"나는 어제밤 꿈에서 당신을 만났다. 당신은 건강에 넘쳐서 뭔가 새로운 계획을 가진 듯했다. 도대체 무엇을 계획하고 있었을까. 어쩌면, 한 몫 주려는 게 아닐까."

이런 거짓말은 잠시 끊어져 있던 교우 관계를 자연스런 상태로 회복시킨다.

"자네 과장이 되었다고 하더군, 축하해."

상대는 의아스러운 얼굴을 한다.

"과장이니 뭐니 안됐어요. 아직 계장입니다. 만년 계장일지도 몰라요."

"그래. 누군가 자네가 과장이 된 것 같은 이야기를 하고 있었는데……, 뭐, 좋아. 어쨌든 가까운 시일내에 될테니까. 축하를 지금부터 해 둔다고 해서 그렇게 이르지도 않을 거야."

이런 거짓말은 사람의 마음을 밝게 북돋워서, 이야기가 기분좋게 활기를 띠기 시작한다.

또한 서투른 거짓말도 호감을 사게 된다. 그것은 거짓말이 곧 거짓말임을 아는 거짓말의 경우다.

책략상으로 말하자면 거짓말임을 아는 거짓말에는 거짓말의 가치가 없는 것 같지만, 그런 거짓말이 친밀감을 부른다.

"총리대신께서 만나고 싶다며 오고 있다. 어차피, 대신이 되어 준다고 할 것이지만. 대신 장사라니, 내 성격에 맞지 않으니까 거절이예요."

거짓말이 거짓말로써 웃음을 자아내는 것 같은 거짓말, 사교에 영합할 수 있는 것은 그런 거짓말이다. 중요한 점은, 거짓말이면 좋다고 하는 것이 아니라, 거짓말인 것의 재미가 없으면 안된다.

싫은 인간과 대화……하는 법

22. 손님이 현관에서 돌아가 주었으면 싶을 때

갑작스런 방문객. 현관에 나가 보니, 그리운 친구이지만 오늘은 아무래도 사정이 좋지 않다. 올라오도록 할 수는 없다. 그러나 친구 역시 모처럼의 시간을 내서 찾아 왔다.

오랜만에 서로 이야기하려는 기대로 얼굴이 빛나고 있다. 이런 때에,

"어머나, 당신입니까. 모처럼만인데 오늘은 아무래도 사정이 좋지 않습니다."

라고, 자신의 초조한 마음을 분명히 드러내 버리면 '일부러 발길을 옮겨서 왔는데, 자신이 온 것이 그렇게 못마땅한가'하고 손님은 순간 언짢아져서 그 이후의 교제에 악영향을 끼칠지도 모른다.

그래서 이쪽의 부득이한 입장을 충분히 이해받은 다음에 구애없이 돌아가게 하기 위해서는 어떤 표현을 하면 좋을까.

우선, '어머나, 반가운, 당신이었군요. 잘 오셨습니다.'
하고, 찾아 와 준 것에 대해서 기쁨과 감사의 마음이 그대로
상대에게 전해지도록 인사한다. 이 때에 기분 좋은 감정의 교류
가 있다면 들러 준 일은 기쁘다, 그렇지만 공교롭게도 사정이
있어서 현관에서 돌려보내지 않으면 안된다고 하는 이쪽의
사정을, 구애없이 설명할 수 있는 것이다.

> "모처럼 와 주셨는데, 올라오셔서 오랜만에 그 후의 활약상
> 등을 듣고 싶고, 천천히 쉬다 가셨으면 좋겠지만, 오늘은 공교
> 롭게도 사정이 있어서……. 정말로 나도 유감스럽지만, 허락
> 해 주십시요."

라고, 성의를 다해서 정중하게 거절하면 상대도 현관에서 돌려
보내지는 불쾌한 인상은 조금이라도 덜해질 것이다.

이 때, 상대의 기분을 헤아린 탓으로 애매해져서는 나중에
곤란해진다. '올라오게 할 수 없다'고 하는 말을 분명히 들려
줄 것.

만일 할 수 있는 일이라면, 다소 무리가 있어도 '적어도 근처
역까지라도 배웅하겠습니다.'
하고 돌려 보내거나, 그것도 할 수 없으면 현관 밖에 나가서
모습이 보이지 않게 될 때까지 배웅하고, 감사와 사죄의 기분을
표현한다.

23. 손님을 일찍 돌려보내고 싶을 때

손님을 자신의 사정 때문에 일찍 돌려보내는 것은 어떤 이유

74

에서이든지 실례되는 일이다. 솔직히 이유를 얘기하고 사죄하는
수밖에 없다.

단, 이 경우 주의해야 할 점은 '돌아가 주기 바란다'고 하는
말을 손님에게 납득이 가게 설명하지 않으면 안된다고 해서
'돌아가 주십시요' '재촉해서' '또 이번'이라고 하는 것 같은 말
은 어조가 너무 강하다. 가능한 한 이런 말을 사용하지 않고도
상대가 이해해 줄 수 있는 것 같은 말주변을 연구하는 편이
좋을 것이다. 예를 들면, 이런 표현은 어떨까.

"매우 변명할 여지가 없습니다만, 실은 갑자기 급한 용무가
　생겼기 때문에 실례하지 않으면 안됩니다. 좀 더 천천히

쉬었다 가셨으면 생각하는데, 정말로 유감스럽지만……"

식사 시간이 되어도 손님은 아직 일어서지 않는다. 아무래도 식사를 끝내고 돌아갈 예정인 것 같지만 식사 대접은 하고 싶지 않다. 어쩐지 돌아가 주었으면 싶다. 이런 때는 어떻게 말하는 것이 좋을까.

"아무런 준비가 없기 때문에."

라는 표현으로 거절을 한다 해도 조금 어리석은 상대라면,

"아니, 인스턴트 라면이면 어때요, 괜찮아요."

"이 정도의 것으로는 입에 맞지 않으리라 생각합니다."

라고 하면,

"나는 먹는 것에는 까다로운 편이 아닙니다."

라고 대답하면 어쩔 도리가 없다. 분명히 '식사는 대접할 수 없다'고 하는 말을 하는 편이 좋을 것이다.

"이제 곧 식사 시간이군요. 모처럼 와 주셨기 때문에 식사까지 함께 할 수 있으면 좋겠지만, 오늘은 아무래도 사정이 좋지 않은 일이 있기 때문에, 유감스럽지만 할 수 없게 되었습니다. 이 다음 오셨을 때에는 꼭 솜씨를 발휘할테니까……오늘은 용서해 주십시오."

이만큼 분명히 말해서 일어나지 않을 손님은 없을 것이다.

24. 술을 마시는 손님에게 술을 거절할 때

준비해 둔 술을 몽땅 마셔 버렸다. 손님과 주인은, 아직 덜

마셨다. 드디어 이제부터——의 모습.

이런 장면에서, '이제 술은 마지막'이라고 스마트하게 거절하는 표현에는, 주부들은 정말이지 곤욕스럽기 마련이다.

"조금밖에 술 준비를 하지 못해서, 변명의 여지가 없습니다. 아직 덜 마셨다고 하는 기분은 헤아리지만, 술은 이것 뿐입니다. 이 쯤에서 식사는 어떨까요."

"막 지은 밥입니다. 많이 드십시요."

라고, 싫든 좋든 간에 밥을 강요해 버린다.

단, 손님 중에는 술이 들어가면 평소의 조심성을 잊어버리고, 술을 좀 더 마시고 싶다고 하는 일밖에 생각할 수 없어,

"부인, 술 더 없습니까. 주점에 전화 걸어 주십시요. 부탁이예요."

라고 억지를 쓰면 처치 곤란하다.

이런 때는, 술 주정꾼을 상대하고 있을 수 없기 때문에, 말하고 싶은 것은 분명히 말해서 거절한다.

그러나 상대를 화나게 하는 것도 어른답지 못한 일이기 때문에, 마음 속으로는 가령 속이 타더라도, '정말 미안합니다. 이 다음에는 충분히 준비해 두겠습니다.' '예산이 없어서 많이 살 수 없었습니다, 미안합니다'하고, 가볍게 웃으며 말할 수 있도록 한다.

25. 불만의 능숙한 표현

막상 불만을 얘기하려고 하면 도무지 결단이 내려지지 않는

다. 특히 매일 얼굴을 마주치고 있는 이웃이나 동료에게 말하는 경우, 그만 판에 박힌 말투가 되어 버리기 쉽다. 능숙한 불만의 표현 비결은——.

유머러스하게 말한다

그래서 내용을 유머러스하게 만들어 버리는 것도 한 가지 방법이다.

"댁의 개가 잘 짖어 주어서 도둑은 들어오지 않아요. 무엇보다도 이쪽이 잠을 잘 수 없어서 밤새 뜬 눈으로 새우고 있으니까요."

이런 식으로 말하면, 상대의 감정을 해치지 않고 웃음 속에 불만을 표현할 수 있다.

"댁에는 귀가 나쁜 분이 있습니까."

상대는 이상한 얼굴을 하고,

"아니요, 왜 그러십니까."

하고, 으레 반문하기 마련이다.

"라디오를 항상 크게 틀어 놓아서, 틀림없이 귀가 나쁜 분이 계실 것이라고 생각하고 있었어요."

이런 항의로 상대에게 주의를 줄 수도 있다.

빌린 돈을 갚지 않을 때, 당사자에게, '자네의 얼굴을 보고 있으면 요즘 지폐로 보여서 어쩔 도리가 없네. 왜 그럴까'라고 말하면, 이해가 빠른 상대라면,

"야, 실례, 실례, 잊고 있지는 않았지만, 월급날까지 기다려 주지 않겠나."

라고 하는 대답이 틀림없이 되돌아올 것이다.

원만한 표현

불만을 오블라토에 싸는 방법도 있을 것이다. 즉, 말을 부드럽고 원만하게 하는 것이다.

"그렇게 부탁할 수 있다면 매우 도움이 되겠어요."

"이런 말씀을 드리는 것은 정말 너무 무례하지만, 그런 사정 때문에 양해를 얻고 싶습니다."

"이런 부탁을 하는 것은 무리일까——."

사람에게는 누구나 자존심이 있고, 명예심이 있기 때문에

추켜 세워지는 것을 좋아한다고 하는 심리를 이용하는 방법이
다.

"당신은 아마 이 사실을 모르셨기 때문에, 이렇게 알고 보
면 그런 일을 방치하실 분이 아니라고 생각합니다."

"당신이니까 이런 사정을 말씀드리면 틀림없이 고려해 주시
리라 믿고 있습니다."

"이런 일을 알고 가만히 계실 당신이 아니기 때문에 그래서
이런 부탁도 해 보는 것입니다."

말의 올바른 사용……의 법

26. 아름다운 경어의 사용법

경어는 자신이 상대보다 신분이 낮기 때문에, 혹은 위치가
뒤떨어지기 때문이라고 하는 열등감을 느끼기 때문에 사용하는
것이 아니다. 아름답고 세련된 말 중 하나로써 사용하는 것이
다.

경어의 기본은 상대와 관계되는 사람은 올리고, 자신과 관계
되는 사람은 내리는 것이다.

〈상대의 관계〉	〈자신의 관계〉
아버님은	아버지는
어머님은	어머니는
바깥 주인은	남편은
댁에서는	자택에서는
귀댁에서는	집에서는

예를 들면, 자신의 관계는 '우리 아버지가 그렇게 말했다'가 되며, 상대 관계는 '당신의 아버님이 그렇게 말씀하셨다'고 하는 식이 된다.

동사에 대해서는 경어와 겸양어와 보통어(중간어) 세 종류를 구별해서 사용하게 된다. 다음에 예로 든 것은 흔히 사용되는 동사의 경어다.

존 경 어	보 통 어	겸 양 어
드시다.	먹다.	먹겠습니다.
하시다.	하다.	하겠습니다.
말씀하시다.	말하다.	말씀드리다.
보시다.	보다.	삼가 보다.
계시다.	있다.	있다.
오시다.	오다.	오다.
물으시다.	묻다.	여쭙다.
받으시다.	받다.	받다.
기다리시다.	기다리다.	기다리다.

'～하겠습니다'는 편리한 겸양어다. '보았습니다' '찾아 뵙겠습니다' '먹었습니다' '기다렸습니다' 등.

또한, 존경어로써, '～하시다'는 편리하다. '오시다(계시다, 가시다)' '받으시다' '물으시다' '보시다'라고 표에도 나와 있다. 이 외 '주무시다' '기다리시다' 등, 조금 가공하면 존경어가 완성된다.

정중어 '～입니다'에 대해서

'～입니다'는 존경어가 아니고, 말의 표현을 정중하게 하는

정중어다. 그러므로 자신의 가족에 대해서 '모두 건강합니다'
라고도 말할 수 있다. 또한 특별히 존경하고 있지 않은 날씨에
대해서도 '좋은 날씨입니다'라고 사용할 수 있다.

요즘, '어머님은 여전하십니까?'라든가, '모두 건강하십니까?'
라고 상대에 대해서 말하거나 하는데, 이것은 존경어가 아니
기 때문에 부적당하다. 이 경우는 역시 '건강하게 계십니까?'
라고 하도록 해야 할 것이다.

27. 올바르고 마음 편한 첫대면 법

친구와 함께일 때는 매우 즐겁게 얘기할 수 있지만, 도저히
첫대면인 사람이나 손윗사람과는 굳어져서 생각과 같이 말도
할 수 없다. 이런 경험은 누구나 있는 것이다.

손윗사람과의 회화는, 댄스와 마찬가지로 상대에게 리드당하
는 것이 훌륭한 무용수의 상식이듯이, 상대의 화제에 능숙하게
어울리는 것이 무엇보다 중요하다.

화제는

손윗사람과의 회화에서는 아무래도 화제는 손윗사람에게서
나오기 쉽다. 상대방이 얼마간의 화제를 꺼내주면, 상대는 당신
과 어느 일정한 시간을 지탱하기 위해서, 이야기를 이끌어 내려
고 해주고 있는 상대의 기분을 생각해서 그것에 관해 자신의
경험이나 감상 등 알고 있는 것을 어려워하지 말고 자연스럽게
얘기하는 것이다.

회화에는 용담(用談)과 잡담이 있으며, 그것을 구분해서 용
담의 경우에는 상대가 듣고 싶어하는 것을 정확하게 이해해
서, 그 내용을 순서있고, 알기 쉽게 전달하는 것이 필요하다.

긴장을 풀기 위해서는

'이런 얘기를 하면 웃음거리가 되어 버릴까?'라든가, 얘기해
버리고 나서 '지금 얘기는 재미없었지 않은가'라든가, '잘못된
이야기를 한 게 아닌가'라든가, 누구나 한번쯤은 이같은 생각을
한 경우가 있을 것이다. 이것은 자의식 과잉이 되기 때문이다.
집에서 부모와 이야기할 때와 같이 느긋한 기분으로 말은 정중

하게 하는 것이다.

손윗사람이라고 해서 예민하게 신경을 써서 너무 겸손한 태도를 취하는 것도 상대에게 좋은 인상을 주지 못한다. 적당한 경어를 사용해서 정중한 태도로 접하는 것이 중요하다.

만일 상대의 화제만으로는 회화가 계속되지 않을 때, 상대방이 얘기하기 쉬운 화제——취미나 전문 등의 이야기——를 이쪽에서 꺼낸다.

그러나 상대의 가정 상태나 경제 상태를 언급하는 것 같은 회화는 피하도록 한다. 손윗사람에 대해서 '가족은 몇 분 계십니까'라든가, '실례지만, 연간 얼마의 세금을 지불합니까' 등은 정말로 실례다.

또한 육친이나 자신의 일에 대해서 자랑을 하는 것도 안된다. 묻지도 않았는데 '아버지는 ○○회사의 사장으로 계시고, 백부는 대학교수입니다' 등은 삼가해야만 한다.

28. 유행어의 효과적 활용법

현대는 텔레비젼의 영향 때문일까, 어린이부터 나이를 먹은 사람들에까지 유행어가 범람해 있다. 유행어는 능숙하게 사용하면 상당히 버리기 어려운 재미가 있고, 서로의 친밀감을 깊게 하며, 불필요한 긴장감을 푸는 등의 효과가 있지만, 또한 장소에 어울리지 않게 사용하면 그야말로 불청객이 된다.

인상 좋게 사용하기 위한 주의점으로써 다음의 사항만은 알아 두도록 한다.

상대를 생각한다

상사에게 야단맞고 '체——'하는 사람은 없으리라 생각하지만, 그 말을 친한 친구, 형제나 가끔 부모나 연인 앞에서 사용하면 '야, 대단해요'라고 미소를 자아내는 효과도 있을 수 있을 것이다.

장소를 생각한다

회사내, 교실, 방문처 등 예의 바르지 않으면 안될 장소에서는 사용하지 말 것. 느긋한 분위기가 지나쳐서 긴장감이 없어질 우려가 있다.

분위기를 생각한다

친구가 풀이 죽어 있는데 '어때?'하고 물으면 야단맞아 버린다. 릴랙스된 무드에서 사용해야 할 유행어이기 때문에, 다방에서의 잡담, 바에서의 말장난, 관광 버스 안 등, 유흥 시간에 사용하도록 한다.

아메리카의 예이지만, 'OK'라고 하는 말은 '예스' 대신 유행어로써 탄생한 것이다.

초기에 노인층이 얼굴을 찌푸린 것은 이 나라에서도 마찬가지였지만, 이 'OK'라는 어감의 좋음, 신선함 매력 때문에 순식간에 대유행하고, 도도히 살아 남아서 현재에는 사전 속에도 일상어로써 실리게까지 되었다.

그러므로 일률적으로 유행어는 품위가 없다고는 말할 수 없는 것으로 좋다, 나쁘다를 피부로 느껴서 바람직하다고 생각

하는 말이라면 이용하고, 마음에 들지 않는 것은 입에 담지 않는
다고 하는 선택이 필요해진다. 이것 저것 새로운 말을 받아들이
는 태도는 현명한 사용법이라고는 말할 수 없다.

29. 은어를 스마트하게

우리들이 은어(隱語)를 사용하는 경우는 두 종류가 있다.

우선, 자신이 속해 있는 동료, 업종의 은어. 그것과 다른 집단
의 갖가지 은어다.

자신의 세계에서의 은어는 사용하지 않으면 이상하고, 또한

은어라고 하기보다는 직업어가 되면 이것을 제외하고는 일을 할 수 없다. 은어란 동료 사이에서만 통하는 언어이기 때문에 제3자에 대해서는 보통의 말로 고쳐서 이야기하는 것이 옳다고 생각되고 있다. 부서 외의 사람을 대상으로 자신만만한 듯이 피로하는 것은 삼가하지 않으면 안된다.

여기에서 다루고 싶은 것은 자신과 영역이 다른 은어를 사용하는 경우다. 오늘날에는 경찰 범죄 관계의 은어, 학생 은어, 하이틴 은어, 예능계 은어 등이 매스컴에 우르르 오르내려서 활자에, 브라운관에 넘쳐 흐르고 있다.

그리고 배운 은어를 사용함으로써 그 방면에 '정통'이 된 것 같은 착각을 즐기는 사람들도 늘고 있다. 그 사용에 있어서 두세 가지 주의점을 서술해 보도록 하겠다.

난발하지 않는다

역겨운 것은 막 가르친 은어를 득의양양하게 난발하는 일이다. 예를 들면, 예능계 특히 밴드맨은 1을 C, 2를 D, 3을 E, 4를 F라고 해서, 말을 거꾸로 한다고 하는 것을 배워서 '지금 타고 온 시택(택시) 운전사 녀석, 멀리 돌아가서 D백이나 받았다' 라고 아우성치는 우리들이다.

불량어는 경원한다

전례는 불량배가 즐겨 사용하는 은어이기도 하다. '정부' '조무래기' '낙전(싸움의 뒷처리로서 수수하는 금전)' 등, 일반적으로 의미가 통하는 것일지라도, 입에 담지 않는 편이 무난하다. 보통어와 같이 사용하고 있으면 뜻밖으로 크게 창피를 당하는 경우도 있고, 타인에게 좋지 않은 인상을 주게 된다.

난처하게도 우리들의 귀에 들어오는 은어는 왠지 격이 안 좋은 말이 많고, 또한 그것을 자신도 모르게 그만 재미있게 여겨서 사용하는 경향이 있다. 은어의 의미는 알고 있어도 사용하지 않는 것이 좋다.

어떤 때에 사용하는가

형사의 은어와 범죄자의 은어가 동일한 것은 문초하는데 있어서 안성마춤이기 때문일 것이다. 그것과 같은 이유로, 증권회사의 사원과 응대할 때는 이쪽도 그들의 은어, 직업어를 알고 있으면 편리하고, 씨름꾼과 사귀게 되었을 때 그들의 은어를 사용하면 '저런, 이 사람은 우리들의 생활에 대해 상당히 정통하군.'하고 친밀해질 수 있다는 것이다.

30. 천하지 않은 음담의 권유

음담은 절대 고상한 것은 아니지만, 사교상 도저히 피할 수 없다. 사회적 지위, 교양에 관계없이 공통되는 화제이기 때문에 인간 관계의 윤활유적인 작용을 한다.

남이 음담을 시작했기 때문에 불쾌하다고 자리를 떠나 버리는 것은 어른다운 행동이 아니다. 그러나 조금 알콜이 들어가면 듣기 거북한 것 같은 외설된 음담을 득의양양하게 하는 사람이 반드시 있기 마련이다. 하지만 장단을 맞춰서 웃거나 떠들거나

하고 있으면 점점 더 심해지니까, '홍홍'하고, 흘려 듣는 것이 그를 흥분시키지 않는 한 방법이다.

주간지 등에 흔히 음담패설이 실려 있는데, 그런 것 중에서 비교적 외설스럽지 않은, 잘 되어 있는 것을 주워서 기억해 두면 음담으로 이야기가 기울어졌을 때에 도움이 된다. 그룹에서 환담하고 있을 때, 다른 사람이 각각 진기한 이야기를 제기해서 흥겨워하고 있을 때에 그저 듣기만 하고 있는 것은 다른 사람들에게 좋은 인상을 주지 않는다. 하나나 둘 모를 리는 없을 것이다. 성인인 척하고 있다, 고상한 체하고 있다고 반감을 사게 된다.

남이 하는 음담은 마음 속으로 재미있게 듣고, 자신은 깨끗하게 입을 다물고 있다고 하는 태도는 오히려 스마트한 인상을 주지 않는다. 세 가지 중에 한 가지는 자신도 무리에 끼여 떠드는 것이 좋을 것이다.

단지, 자신이 음담을 하는 것은 절대로 싫다고 생각한다면, 그것은 그것으로 좋다. 그렇지만 남의 음담을 경멸하는 태도로 들어서는 안된다.

음담은 하나의 분위기가 있어야 시작되는 것이 보통이기 때문에, 그 자리에 음담이 시작될 분위기를 구성하는 동료 중 한 사람으로 참가한 이상은 참고 있어야 하고, 가능하면 함께 즐기면서 이야기 속에 끼어들어야만 한다. 그리고 자신의 기량으로 화제를 전환시키는 것이 가장 좋은 방법이다.

제2장
화법의 주의 사항

사람을 설득하는 화법

31. 상대의 기분을 자기 생각대로 하는 법

상대를 자신이 생각한 대로 움직이고 싶을 때의 말 연구를
해 보기로 한다.

하긴 상대에게 전연 의지가 없는 경우에는 어쩔 수 없지만,
어떻게 할까 하고 방황하고 있거나, 다소의 근심이 있기 때문
에 망설이고 있는 마음의 상태라면 말 한 마디로 어떻게든
방향을 설정할 수가 있다.

설득 방법(1)

예를 들면, 그것을 노골적으로는 말하기 어렵다든지, 가볍게
넌지시 충고하고 싶을 경우가 있었다고 하자. 그런 때는 저명
한 인물의 이름을 들어서,

"케네디가 이런 말을 했지요."

"파스칼의 말 중에 이런 얘기가 있습니다."

하고, 완곡하게 깨닫게 하는 방법이 있다. 또한 공통된 방법으로써 친구의 이름을 빌어서,

"○○○씨도 당신의 얘기를 이런 식으로 하고 있지요."

라고 말하면, 그다지 모나지 않고 충고의 목적을 달성할 수 있다.

설득 방법(2)

특별히 자신의 의견으로써 말하는 것이 곤란하다든가, 이 얘기를 상대에게 언질을 주는 것 같은 일은 하고 싶지 않다고 하는 경우에는 막연히 세상의 이름을 빌어서 말하면 편리하다.

"세상에서는 이렇게 얘기하고 있지요."

"이런 식으로 세상에서는 평판하고 있지요."

"그 중에는 이런 말을 하는 사람도 있어요."

설득 방법(3)

상대로부터 이런 대답을 듣고 싶지만, 상대에게는 상대의 생각이 있기 때문에 본인으로서는 노골적으로 말할 수 없다. 그런 때에는 그것을 이쪽에서 말해 버린다고 하는 방법도 있다.

"당신은 틀림없이 이렇게 말씀하시고 싶을 것입니다."

"당신이 그것에 찬성이 아닌 것은 알고 있지만……"

"당신의 의견은 들을 필요도 없지만."

설득 방법(4)

좀 더 교활하게 나와서, 상대가 그런 의견이라고 결정하고 시작하는 방법도 있다.

"당신은 틀림없이 이렇게 말씀하신 적이 있어요."

"원래 이 얘기는 당신에게서 나온 것이지요."

"이것은 당신의 의견이 아니었습니까?"

이렇게 나오면 상대는 그런 적이 있었을지도 모른다고 생각하고, 어지간한 일이 없는 한 찬성해 버리는 것이다.

설득 방법(5)

상대로부터 의심을 받고 있는 것은 아닐까 하고 불안할 때는,

"당신은 설마 내가 그런 인간이라고 생각하고 있는 것은 아니겠죠."

하고, 역으로 정색을 하고 나오는 것도 의심을 푸는데 **효과**가 있다.

설득 방법(6)

중대한 얘기를 아무렇지도 않은 듯이 제기해서 납득시키기 위해서는 일부러 그 얘기를 **빼고** 가벼운 얘기를 해 둔 후, 나중에 생각난 듯이,

"그리고 이런 얘기도 있는데, 어떨지."

라고 하는 방법도 있다. 상대는 끌려서 어느덧 그 얘기에 **빠져버**리게 된다. 중대한 얘기도 이야기의 진행 방식에 **따라** 가벼운 사항과 같이 착각을 일으켜서 승낙해 버리는 것이다.

32. 남에게 용건을 전갈할 때의 방법

우선 자신이 용건을 부탁받는 경우를 생각해 주기 바란다. 형편이 좋지 않을 때는 뭔가 부탁을 받아도 절대 도와 줄 기분이 들지 않게 된다. 우선 상대의 형편을 확인한 후, '부탁드리고 싶은 일이 있는데……'하고, 말을 꺼낸다.

남에게 용건을 전갈하는 경우, 자신은 잘 알고 있기 때문에 상대도 그것을 알고 있을 것이라고 생각해 버리는 경향이 있다.

또한 이 계제에 용건을 전갈할 때에, 전갈하는 측으로서는

좋은 기회이기 때문에——라고 가벼운 기분으로 부탁하는 경향
이 있다.

어디까지나 전갈하는 측으로서는 부탁하는 형태를 취하기
때문에 정중하게, 그리고 상세하게 말해야만 한다.

만일 용건이 복잡하다면 상대가 납득할 때까지 상세하게
설명하고, 게다가 종이에 써서 건네주는 정도의 배려도 중요하
다.

가스나 전기 요금을 내는 날에 아무래도 외출하지 않으면
안될 경우, 이웃 사람이나 옆방 사람에게 부탁하지 않으면 안되
는 경우가 있다. 그런 때는 '죄송합니다만, 오후부터 이런저런
볼일로 집을 비어 버리기 때문에, 정말로 성가시리라 생각하지
만 가스요금을 부탁할 수 없을까요.'하고 정중하게 부탁하는
것이 중요하다. 그러면 부탁받는 쪽도 기분좋게 떠맡아 줄 것이
다.

33. 스무드한 설득 방법

우리들은 단순히 의지를 전달할 뿐만 아니라, 상대를 자기가
생각하고 있는 방향으로 인도할 필요가 종종 있는 법이다. '설
득'이라고 하는 말의 기술이 그것이다.

모든 경우에 사실은 최상의 설득이지만, 항상 그렇게 때마침
사실이 수반되는 것은 아니다. 사실이 아닌 경우에도 사람의
마음을 끌 필요가 언제나 있다. 이는 설득의 기술이 일상 생활에
서 빼 놓을 수 없는 중요성을 가진 까닭이다.

1. 의논을 피한다

설득에는 가능한 한 의논을 피하지 않으면 안된다. 의논으로 이겼기 때문에 설득할 수 있다고 생각해도, 그것은 반대하는 말을 지속하지 않는다고 하는 것 뿐으로, 절대 마음으로부터 승복한 것은 아니다.

그래서 대부분의 경우 의논보다 단언 쪽이 설득력이 있다.

"이 일은 이렇게 하지 않으면 안되는 것이다."

"이 외에는 방법이 없다."

"이렇게 하는 것이 옳다."

그것은 의논의 여지가 없다고 하는 자신있는 말이기 때문에 받아들인다.

2. 상대의 이해에 호소해서 설득한다

무엇을 생각하거나 판단하는 능력이 부족한 인간에게도 설득의 효과를 올리기 위해서는, 상대의 이해로 설득하는 것이다. 이것이라면 상당히 우둔하거나 무관심하지 않는 한 이해해 주지 않는다고 하는 일은 없다.

'이렇게 하면 당신의 생활은 풍요로와지는 것이다.'라고, 사장이 사원을 향해서 독려하거나, 정치가가 연설하는 것은 이 이해에 호소한 설득 방법이라고 말할 수 있을 것이다.

3. 기분좋게 납득시킨다

설득에는 온화한 말로 진척되는 것이 좋은 경우도 있지만, 엄한 말이 효과가 있는 경우도 있다. 그것도 사항이나 경우에

따라 다르기 때문에 어느 쪽이 좋다고는 말할 수 없다. 어쨌든 논리가 통하지 않는다면 설득력이 없음은 말할 필요도 없다. 그러나 논리적이기 때문에 승복시킨다고 하는 것은 아니다. 인간은 감정의 동물이다. 이성은 받아 들여도 감정이 등을 돌리고 있는 경우조차 있다.

특히 설득의 경우, 감정의 마음에 들지 않는 일이 많기 때문에 이성을 납득시킬 뿐만 아니라, 감정의 마음에 들도록 주의를 기울이지 않으면 안된다. 말의 기술이 여기에도 필요해지는 것으로, 그것은 감정적으로 기분 좋은, 또한 감정이 이쪽을 향하도록 하는 말로써 한다고 하는 것이다.

34. 동석(同席)의 친구를 격려하는 요령

'격려한다'고 하는 것은 자신과 동등하거나, 손아랫사람을 칭찬하는 것을 말한다. 말하자면, 추천문을 입으로 말할 속셈으로 있으면 되는 것이다.

격려의 요령(1)

예를 들면, 자신이 담당했던 단골 손님을, 자신의 뒤를 이을 동료에게 계승 인사를 시킬 경우,

"그는 나보다 1년 후배이지만, 일에 있어선 성실한 남자로서 나 이상으로 도움이 될 것이라고 보증합니다. 나도 안심하고 전근할 수 있습니다."

한 마디 덧붙임으로써 동료도 손님도 틀림없이 기뻐하게 된다.

격려의 요령(2)

당신 친구의 일의 성공, 연애의 성취를 위해서 이 인스턴트 광대 노릇을 하는 것도 우정의 하나다.

"그와는 벌써 10년이나 교제해 오고 있지만 약속을 어긴다고 하는 일은 거의 없다고 해도 좋을 만큼 의지가 강한 남자입니다."

"당신도 가시면 곧 알게 되리라 생각하지만, 그의 가정은 정말로 훌륭합니다. 부인은 생각이 깊은 사람이고, 자녀도 고분고분한 착한 아이입니다. 그런 그가 엉뚱한 짓을 하는

따위는 전혀 생각할 수 없습니다. 이번에도 틀림없이 성산이
있는 일일 것입니다."

듣고 있는 상대가 마음을 움직일 것 같은 2, 3가지의 장점을
강조한다. 이것 저것 치켜 세운 체로 버려두면 저의가 빤히 들여
다 보여서 완전히 역효과가 되어 버린다.

"학창 시절 그와 '우등' 뺏기 내기를 했지만, 그는 40개, 나는
그의 반인 20개였다. 그렇다고 해서 절대 좋은 점수 따위에만
급급한 학생이 아니라는 것은 외견으로도 이미 아셨으리라
생각하지만……"

이 정도로 해둔다.

다음에 친구에게 연인을 소개받으면, 학생 시절의 에피소드
등을 교묘하게 피로해서 친구를 기쁘게 해준다.

"이 녀석은 굉장히 친구 생각을 하는 녀석이지요. 내가 학생
시절, 하숙에서 무일푼으로 이불을 뒤집어 쓰고 있으면 돈과
음식을 일부러 가져와 주었지요. 곧 먹으러 간다고 하니까
돈을 조금이라도 쓰지 않게 하려는 배려였지요. 기뻤어요,
그때는……"

이런 식으로 친구의 연인에게 이야기할 수 있다면 당신은
우정이 두터운 인간이라고 말할 수 있을 것이다.

마지막으로, 당신이 격려하는 역할을 자청해서 나선 이상에
는 당신 자신이 신뢰할 수 있는 상대가 아니면 안된다. 잘 알지
도 못하는 인간을 극구 칭찬하고, 나중에 불평을 듣는다면 당신
의 신용까지 의심받게 된다.

102

1분간에 300어

—듣기 좋은 이야기의 스피드—

* 빠른 말, 느린 말은 상대에게 실례——어느 쪽이나 듣기
힘들어 속을 태운다.
* 일정한 스피드, 적당한 간격.
* 1분간에 250어~300어.
* 자신이 강조하고 싶은 점, 듣는 사람이 충분히 생각해
주기 바라는 점은 강한 어조와 약간 긴 듯한 침묵(간격)
으로 효과를 올린다.
* 화술의 연구를 하자. 만담가, 야담가, 특히 아나운서
의 화법은 좋은 본보기.

35. 상대의 의견을 이끌어 내는 화법

어떤 일에 대해서 상대의 의견을 듣고 싶다고 말했지만 상대는 끝까지 침묵을 지켜버렸다. 이런 때만큼 곤란한 경우는 없다. 이것은 상대가,

1. 논점을 이해할 수 없는 경우.

2. 알고 있어도 의견을 어떻게 서술하면 좋을까에 대해 방황하고 있는 경우.

3. 반대의 경우.

4. 확실한 의견이 없는 경우.

5. 말하는 사람에 대한 거리낌이나 반감이 생기는 경우.

6. 이야기 내용에 흥미가 없는 경우.

등이 될 것이다.

그러므로, 이 점을 잘 반성해 볼 필요가 있다.

"○○에 대해서 어떻게 생각합니까?"

라고, 하는 것 같은 질문법으로 상대에게 의견을 구하면 잠자코 아무 말도 해 주지 않는다. 이런 때 상대는 논점을 이해할 수 없다든가, 확실한 의견이 없다든가, 이야기한 것에 흥미가 없다고 하는 경우가 많은 법이다. 그러므로 상대가 의견을 발표하기 쉽도록 즉, 이야기를 다시 한 번 다른 각도에서 다시 검토한다든가, 좀 더 구체적으로 얘기하도록 한다.

"○○에 대해서 어떤 사람은 이런 얘기를 하고 있는데, 이 의견에 대해서 어떻게 생각합니까?"

라고 하는 식으로 의견을 구하면 상대도 발표하기 쉬워져서,

'그 의견은 너무 지나치게 일방적이어서 나는 찬성할 수 없어요. 오히려 이런 방법이……'라든가, '그 의견에 전적으로 찬성이다'라고 말해 주는 것이다.

36. 자신의 의견을 관철시키고 싶을 때의 화법

우리들은 상대의 의견을 들어보고 싶은 경우, 누가 뭐래도 설득해 버리면 상대는 거기에 따를 것이라고 생각하는 경향이 있다.

확실히 설득당한 상대는 말로는 따르고 있지만 마음 속으로는 '뭐라고 하는 거야. 누가 자네가 하는 말 따위 들어 줄까 보냐'하고, 혀를 내밀고 있을지도 모르는 것이다.

무슨 일이든지 남의 의견을 들어 보고 싶은 경우는 강하게 나와서 설복시키려고 긴장하기 보다는, 약하고 서툴게 나오는 편이 득책이다.

'확실한 일이라도 확신이 없는 것 같이 이야기하라.'

친구끼리의 사이 역시 '자네의 방법은 절대로 잘못되어 있어, 이렇게 하는 것이 유일한 방법일세.'라고 말하면, 가령 그 의견이 옳다고 하더라도 말을 들은 쪽은 불쾌한 느낌이 든다.

'해야만 한다' '절대로' '틀림없이' '유일한' '단언한다'……등의 단정형으로 강하게 나오게 되면,

"나 역시 바보가 아니다. 웃기는 군."

라고 하게 되고, 의견을 받아들일 수 없게 된다.

그것을 약하게 나와서,

"자네도 여러 가지 궁리하고 있는 것 같군. 그렇지만 이렇게 바꾸면 더더욱 좋아지리라고 생각하는데."

"나도 잘 모르지만, 나였다면 이렇게 하겠네."

"응, 과연 확실히 자네가 말한 대로야. 그러나……"

이와 같이, 상대의 평계도 거의 긍정하면서, 곧 자신의 의견을 뒤에 덧붙인다. 그래서 상대도 일단은 자신의 말을 인정한 형태가 되어, '아 과연, 그런 생각도 있구나'하고 받아 들이기 쉽게 되는 것이다.

또한 그 밖에 상대의 기분을 미리 완화시킨 후 반대 의견을 서술한다고 하는 방법도 있다.

"자네는 최근 바둑에 열중해 있다던데?"

"응, 약간."

"올해 이창호의 활약은 실로 눈부셨어요."

하고, 상대의 취미를 화제로 제공해서 여러 가지 주고 받은 후에, '그런데 아까 자네의 의견말일세……'하고, 동의받기 쉬운 밑바탕을 만들어 둔다고 하는 식이다.

집회에서의 사회자의 주의 사항(1)

—진행이 옆길로 빠지지 않기 위해서—

1. 미리 무엇을 의논할까, 무엇을 결정할까를 자신이 정리해 둠과 동시에 출석자 전원에게 잘 설명하고,

2. 의논할 테마의 순서를 미리 정해 둘 것.

3. 가능하면 1, 2를 메모하여 그것을 프린트해서 출석자에게 배포해 둘 것.

4. 한 가지, 혹은 몇 가지의 발언을 정리해서 무엇을 말하고 싶은지 그 요점을 간단하게 요약할 것.

그로 인해서 발언자의 확인을 받음과 동시에 전원에게 그 의견을 침투시켜서 다음 발언에 대한 실마리로 한다.

단, 이 요약은 자신의 의견이나 사정을 개입시켜서는 안된다.

5. 발언이 단순한 착상인지, 내친 걸음적인 것인지를, 또 지금은 무엇을 토론해야 할까 하고 견주어 보고 판단할 것.

그 발언의 중요성, 긴급성을 분별해서 시간을 들일 것은 들이고, 대강 지나쳐도 되는 것은 앞으로 진행한다.

6. 한정된 소수 사람의 의견 교환이 되지 않도록, 주의할 것.

특정한 두세 사람에 의한 반론, 반론의 반복은 테마를 떠나서 의논이 승패로 힘차게 빨리 달리는 경향……의견을 다양하게 모두에게 하도록 한다.

37. 의논에 이기는 비결——자신의 의견을 관철시키기 위해서는

한 사람, 혹은 그 이상의 상대와 토론해서 꼭 자신의 의견을 관철하지 않으면 안될 경우가 반드시 있기 마련으로, 패해 버렸을 때의 분함은 쉽게 잊혀지지 않는다.

어떻게 하면 상대를 설복시켜서 자설을 관철시킬 수 있을까? 그러기 위해서는 (1) 논리의 정확함 (2) 반격의 예리함 (3) 책략의 뛰어남, 이 세 가지 요소를 교묘하게 구사하는 것이다.

(1) 논리——적어도 토론으로 상대를 설득하려고 할 때에는, 자설(自說)로 수미일관된 논리가 빈틈없이 구성되어 있지 않으면 안된다. 미리 미리 머리 속으로 줄거리를 설정해서 틀려도 원리에 어긋난 것 같은 논리를 전개하거나, 상대의 반론을 긍정해서는 안된다.

(2) 반격——반격에는 논리 이상의 논리가 포함되어 있지 않으면 안된다.

만일 당신의 연구나 노작의 가치를 둘러싸고 그것은 실용적이 아니고, 즉시 도움이 되지 않는다고 하여 의논이 되었다고 하자. 정말로 새로운 시도의 가치는 미지수다. 그러므로 아무리 말을 만들어서 유용성을 설명한들 실증할 수 있는 것이 아니다. 그런 때,

'막 태어난 아이가 무슨 쓸모가 있다고 하는 것인가.'라고

되받아 공격한다.

  이것은 말할 필요도 없이, '막 태어난 아이는 아무런 쓸모도 없기 때문에 살려 둘 필요가 없다'고는 말할 수 없다, 확고한 논리를 포함한 말이다. 상대의 논법을 반격하는 멋진 논리라고 말할 수 있을 것이다.

  (3) 책략──3단 논법도 한 방법이다.
  "1. 우리들은 권력적인 것을 용서할 수 없다."
  "2. ○○○는 권력적인 존재다."
  "3. 그러므로 ○○○를 용서할 수 없다."

이것이 3단 논법이라고 하는 것이다.

처음에 가지고 오는 것은 의논의 여지가 없는, 일반성이 있는 공명한 개념이 아니면 안된다. 그 다음에 제2단계로써 그 개념에 저촉하는 구체적인 사실을 든다. 제3단계로 제1단계와 제2단계의 관계에서 알아내서 움직일 수 없는 결론을 제시한다.

이 경우 제1단계에서 예로 든 사항을 상대에게 승인시켜 버리면, 3단계에서 이쪽이 말하고 싶은 결론으로 이끌어서 그것을 강하게 상대에게 주장할 수 있는 것이다.

38. 상대의 의견에 반대하고 싶을 때

격식을 차린 딱딱한 의견은 보통으로 말해도 '심하다'고 취급된다. 가능한 한 밝은 어조로 부드러운 미소를 유지하는 것이 중요하다.

반대 당한 상대는 자신이 존중받고 있지 않다고 하는 식으로 받아들이기 쉬운 법이다. 상대의 의견도 또한 하나의 훌륭한 의견임을 분명히 말로 표현해 두고, 그 다음 반대 의견을 서술한다. 당신이 반대하려고 하고 있는 것은 상대의 '의견'이나 '사상'이지 절대 그 사람 전체를 옳지 않다든가, 잘못되어 있다고 하는 것은 아니라는 점을 상대에게 인지시켜 주지 않으면 안된다.

온화하게 상대의 이야기에 반대를 하기 위해서는 가능한 한 두 사람만 있을 때에,

"──아까 그 이야기인데, 확실히 그것은 지당하고 나도 찬성

　이지만."

하고, 상대의 의견을 치켜 세워주고,

　"다만 그것은 매우 어려운 일면이 있는 것 같이 생각되기
　때문에——"

하고 상대가 깨닫지 못한 마이너스 점을 살짝 꺼내도록 한다.

상대가 이야기에 빠져드는 것 같으면,

　"그 문제에 대해서, 나는 조금 다른 의견이지만……이와 같이
　했으면 하고 생각합니다."

하고 조심스런 어조로 말을 꺼내 보는 것이 중요하다.

　또한 반대 의견을 직접 자신의 의견으로써 말하는 것이 아니
라 제3자의 의견으로써 말하는 방법도 있다. 예를 들면,

　"그런데 나, 당신이 말씀하신 것과 반대 의견을 들은 적이
　있어요. 그 사람의 생각에 따르면——"

라고 하는 식으로, 제3자의 입장에 서면서, 더구나 객관적으로
반대 의견을 서술할 수 있다. 그러나 타인의 의견을 소개한다고
하는 형태를 취하기 때문에 논조는 약해진다.

　"글쎄, 그러나 나는 그 일에 관해서 이런 식으로 생각하고
　있었던 것입니다." `

하고, 과거의 형태로 표현하는 말투가 있다. 애매하지만 자신에
게 반감을 갖게 하지 않고 반대 의견을 서술할 수 있다.

　두 가지 모두 완곡한 방법이다. 만일 당신이 일에 구애받지
않는 밝은 성격이고, 상대방도 당신의 그런 밝은 성격을 인정하
고 있다면, 오히려,

　"난 반대예요. 그렇게는 생각하지 않아요. 난 이렇게 생각해

요."
하고 분명히 말해도 좋을 것이다. 당신이 반대를 해도 반감을
사는 경우는 적기 때문이다.

39. 반대 의견을 교환하는 화법

① 온화하게 받아서 딴 데로 돌린다
반대 의견을 말하는 쪽으로써는 그것에 대해서 이쪽이
흥분할 것을 예상하고 기다리고 있다. 그것을 골탕먹이는 방법
이다. 이쪽이 조금도 감정을 흥분하거나 어깨를 젖히고 뽐내거

나 하지 않고, 어디까지나 냉정한 태도로 대하고, 혹은 친밀감 있는 모습을 보이도록 하면 상대는 예상이 빗나가서 그 자리에서 반대를 철회하지 않더라도 언제까지나 고집을 부리는 것 같은 경우는 없을 것이다.

또한 반대하는 대로 반대하게 내버려 두고, '당신의 입장에서는 반대할 것이다.' '당신이 반대하시는 것을 잘 알고 있습니다.' 하고, 상대의 반대에 이해를 보이는 모습을 보이는 방법도 있다. 상대는 거기에 기분이 좋아져서 '반대'에 구애받지 않고 이쪽의 변명을 듣는 자세가 되는 것이다.

② 반격으로 나온다

온화하게 나온다고 해서 물러날 정도가 아니라 그것을 좋은 말로 심술궂게 시비 걸어 오는 경우도 많다. 이런 때는 정색하고 반격으로 나온다.

"당신이라면 그 경우 어떻게 하겠습니까?"

"내가 틀렸다고 하지만, 당신은 틀리지 않았습니까?"

라고 하면 상대의 기세는 꺾인다. 또한 이런 반격의 방법도 있다.

"남의 흠을 들춰 내는 일이라면 나라도 할 수 있어요."

이쪽을 무르게 보고 그저 짓궂게 반대하는 상대에게는,

"또 반대입니까?"

"당신은 반대하리라 생각해요."

하고 가볍게 받아 넘기면 상대가 되지 않는다.

③ 무조건 거부한다

잔소리를 하며 번거롭게 대드는 상대에게는 자세한 일까지 일일이 상대하지 말고, 그 반대 방법의 모순이나 잘못을 날카롭게 지적해서,

"당신이 말하는 것은 반대할 만한 이유가 되지 않아요."

라고, '반대' 그 자체를 상대로 반상(返上)시켜 버리는 것도 결정적인 효과가 있다.

더욱이 상대에게 말하고 싶은 만큼 말하게 하고, 그것을 잠시 잠자코 들은 후에 '알았어요'라고 한 마디로 결말을 내는 것도, 이쪽이 우위에 서서 반대 의견을 무시해 버리는 유효한 방법이다.

이와 같이 반대 의견을 묵인하는 방법은 여러 가지 있지만 상대에 따라서, 사항에 따라서 적당하게 편성한다.

어떤 경우에도 통하는 얘기지만, 반대를 피하는데 있어 상대의 일언일구를 상관하면 주제로부터 벗어날 우려가 있기 때문에 대요(大要)를 파악해서 대답하든가, 근본을 문제로 해서 상대를 납득시키는 것이 좋을 것이다. 또한 말을 과격하게 사용하는 것이 효과적인 경우도 있지만, 가벼운 유머로, 해결하는 것이 좋은 경우도 있다. 그때는 임기 응변으로 말해 주기 바란다.

40. 능숙한 꾸중법, 야단맞는 법

주의해 주기 바라는 것이지만, 주의를 하면 상대를 노하게

만들어 버리는 것은 아닐까 하고 이것 저것 신경을 써서 결국
은 말하지 않고 말았다고 하는 경우는 때때로 있는 것이다.

제 구실을 하는 어른이라고 해도 남에게 나쁘게 취급받지
않도록 주의하는 것은 어려운 일이다.

능숙한 꾸중법

그것은 절대 사람 앞에서는 꾸중하지 않는 것이다. 아무도
없을 때에, '쓸데 없는 일이지만 한 가지만 당신에게 충고하고
싶은데. 신경 쓰지 말아요.'
라고 상대를 위로하고, 다음에 내용을 꺼낸다. 사항 그 자체에

대해서 주의를 주는 것으로 그 사람의 부주의를 꾸짖는 말투는 가능한 한 피해야 한다.

흔히, '이렇게 해 두면 좋았을텐데'라든가, '이런 식으로 해 두지 않으니까 안된다'라고 꾸짖는 소리를 듣는다. 이와 같이 되돌이킬 수 없는 과거를 꾸짖는 말투는 피하도록 한다.

야단맞을 때의 받아들이는 방법

남에게 주의받으면 고분고분하게 받아들이지 않고 금방 울컥 치밀거나, 마음 상해 하거나 한다. 또한 상대에 대해서 당분간 말도 하지 않는 사이가 되거나 하는 경우도 있다. 그러나 상대의 주된 목적은 당신을 꾸짖는 것이 아니다. 좋은 결과를 기대한 나머지 그 사항에 대한 주의인 것이다.

또한 뭔가 주의받으면 곧 이러쿵 저러쿵 변명을 하는 사람이 있다. 그러나 상대방은 변명을 하는 것은 자신의 말을 제대로 받아 들여 주지 않는 것이 아닐까 생각해서 초조해 한다. 아무리 변명을 한들 잘못은 잘못이고 실수는 실수다.

"정말 미안합니다. 앞으로 조심하겠습니다."
하고 고분고분하게 머리를 숙여 사과하는 것이 가장 좋은 시인 방법이다.

41. 상사에 대한 말씨

자신에게 있어서의 직접 상사인 과장이라든가, 계장이라든가, 주임에 대한 말씨나 태도에는 직장에 근무하는 사람으로서 충분히 주의하지 않으면 안된다.

자신의 생각을 상사에게 서술하고 싶을 때

상사로부터 '이것을 이렇게 해 주게'라고 부탁받았을 때, 그것을 상사가 오해하여 상사의 지시대로 그대로 따르다간 그 일의 진행상 나쁜 결과가 된다고 알고 있다면 상사 앞에 가서 정중하게, '조금전 들은 이 건에 관한 얘기인데, 아무래도 제 생각으로는 여차여차 이렇게 되리라고 생각합니다만……'하고 말씀드린다.

느닷없이 '과장님, 이것은 뭔가 오해하시고 있는 게 아닙니까!'라고 하는 방법은 실례다. 또한 그렇게 말을 꺼내면 불끈해진 상사 쪽에서도 다시 한 번 재고하려고 하지 않고, '아니야, 내가 말한 대로 하게'라고 되풀이하게 된다. 정중한 말씨로 얘기를 꺼내면 상사 쪽에서도 별로 자존심 상하지 않고 재고할 여유가 생긴다.

상사에게 야단맞았을 때

자신에게 뭔가 과실이 있어서 상사에게 불려가 야단맞았을 때, 분명히 자신의 잘못인 경우는 '제 잘못입니다. 변명할 여지가 없습니다.'하고 순순히 사죄한다.

다소 변명의 여지가 있고 마음에 불만이 남아 있는 경우라도 그 자리에서 즉시 변명의 말을 떠들어대지 말고, 일단 그 자리는 사죄를 하고 물러난다. 그리고 다른 기회에 상사를 붙들고, '요전날 이렇게 말씀하셨지만, 실은……'하고 말을 거는

편이 훨씬 득책이다. 무심코 서투른 변명을 하면 상사의 노여움
에 기름을 붓는 결과가 될 지도 모르지만, 일단 온화하게 물러난
후 다른 기회에 변명을 하면 그 때는 이미 노여움이 발산해
버린 후이기 때문에, 상사도 백지의 기분으로 당신의 해명에
귀를 기울이게 되기 때문이다.

상사로부터 권유받았을 때

퇴근 시간이 되어 귀가 준비를 서두르고 있을 때에 상사로부
터 '이봐, 오늘 한 잔 하지 않겠나'하고 마작이나 음주의 권유를
받는 기회도 많을 것이다.

그런 때는 달리 지장이 없다면, '함께 합시다'하고 기분좋게 응한다. 만일 사정이 좋지 않다면, '고맙습니다. 유감이지만 오늘은 여차여차한 볼 일이 있기 때문에, 실례합니다.' 하고 정중하게 거절하면 좋을 것이다.

이 경우 구체적으로 권유에 응할 수 없는 사정을 설명하는 편이 '자신과의 동석을 꺼리고 있는 것이 아닐까'라고 하는 상사의 의심을 푸는데 효과가 있다.

하물며 업무 사정으로 함께 할 수 없다면 그 점을 분명히 말하고 거절한다. 일을 뒷전으로 미루고까지 함께 하는 것은 그 당장은 좋더라도, 결과적으로는 손실이다. 직장은 상사와 교제하는 일도 중요하지만, 일이 모든 것에 우선한다고 하는 엄한 마음가짐을 가지고 있는지 어떤지의 판단 재료를 상사에게 주는 기회이기도 하기 때문이다.

급히 처리해야 할 일을 책임지고 있을 때에는,

"정말 미안합니다만 오늘 중으로 처리하지 않으면 안될 일이 있기 때문에 함께 할 수 없는 것이 유감입니다."

라고 말하고 거절하면, 상사는 당신의 일에 대한 기세를 높이 평가할지언정 악감정을 품는 일은 없다.

상대의 오해를 푸는 화법

42. 이야기가 복잡해졌을 때

친구끼리라면 이런 경우 이야기가 도중에서 끊어지면 끊어진 대로 별로 겉을 꾸밀 필요도 없이, 어느 쪽이라고 할 것도 없이 다시 잡담이 시작되겠지만, 곤란한 것은 전연 모르는 사람끼리, 또는 얼굴을 안다고 하는 정도의 사람들이 이따금 여러 가지 우연으로 얘기하기 시작했을 때 문득 침묵의 시간이 반드시 찾아오게 된다.

이런 때 막상 어떤 얘기를 해야 좋을지 화제를 찾기에 애쓴다.

일반적으로 일컬어지고 있는 것은 날씨, 취미, 주소, 고향, 출신교, 시사 뉴스, 여행 등의 화제를 아무렇지도 않은 듯이 꺼내 보려고 하는 것이다.

"……그런데 이 계속되는 가뭄, 언제나 비가 내릴지, 또 다시 시간 급수 따위가 되면 서로 불편하지요. 장사는 물을 사용하

시나요? 하하하, 그렇다면 지나친 태양이 원망스럽겠군요."

"……글쎄요. 요 1,2년 사이에 축구를 보는 사람이 매우 늘었
어요. 나도 그 중 한 사람이지만……"

"그런데 당신의 출생지는?"

라고 하는 식으로, 화제를 찾아 간다.

제기한 화제에 대해서 상대가 흥미를 보이지 않으면 곧 화제
를 전환시켜 버릴 것.

그리고 상대가 그 화제에 끌려 빠져 드는 것 같으면 자신이
알고 있는 만큼의 지식을 기울이거나, 또한 들어주는 역할로
바꾸거나 한다. 다소 애매모호한 지식이라도 그것을 자랑삼아

보인다고 하는 태도가 아니고, 이 때 자신보다 많이 알고 있는 사람에게 올바른 지식을 가르쳐 받는다고 하는 어조로,

"나는 잘 모르지만,…… 다고 하는군요."

"틀렸으면 가르쳐 받고 싶은데……라고 하는 것이 아닙니 까."

라고 하는 것 같이.

주의

1. 어떻게든 회화를 위한 회화라고 하는 기색을 보이지 말 것. 이런 태도는 이야기하는 사람도 긴장해서 답답할 뿐만 아니라, 듣는 사람에게 있어서도 같은 어색함을 느끼는 것이다.

2. 사적인 회화가 되면 깊이 관여하지 말 것.

3. 푸념이나 불평은 절대 하지 않는다.

'나 따위 정말로 소용이 없어요. 좋겠어요, 당신의 그점'— 듣는 사람은 진절머리가 나 버린다.

집회에서의 사회자의 주의 사항(2)

—가능한 한 많은 사람을 발언시키기 위해서 —

1. 지나치게 수다떠는 사람을 억제하고, 내향적인 사람에게
이야기를 돌려서 끌어낼 것.

그러므로 사회자는 항상 모두의 표정이나 태도를 파악할
수 있는 위치에 서서 발언하고 싶어하는 사람, 의견이 있는
데 참고 있는 사람, 뭔가 불평스런 얼굴을 하고 있는 사람
등등, 잘 주의를 기울인다.

2. 의견이 한쪽으로 기울어지는 경향이 있을 때, 혹은 한
사람의 의견이 장황하게 계속될 때에는 거리낌없이 '다른
의견도 들어 봅시다.'하고 타인의 의견을 구할 것.

3. 기계적으로 자리순 등으로 발언시키는 방법은 모두에게
보고를 구할 때에는 무난할 것이다. 그러나 의견을 서로
교환할 때에는 전체의 분위기를 불편하게 만들어 버리는
경향이 있기 때문에 가능한 한 피할 것.

4. '이 문제에 대해서 어떻습니까'라고 하는 대략적인 질문
법은 피하고, '이 문제에 대한 ○○○ 씨의 ×× 의견에
대해 찬성(혹은 반대)의 의견은 없습니까'를 말하는, 구체
적으로 문제의 논점을 좁힌 질문법을 취하도록 한다.

대부분의 사람이 대답하기 쉬운 느낌을 갖는다.

43. 서먹서먹한 분위기를 부드럽게 하는 법

아는 사람의 부탁을 거절했기 때문에 갑자기 그 상대가 입을
다물어 버렸거나, 즐겁게 잡담하다가 불쑥 누군가가 부주의로
입밖에 낸 말이 그 중의 한 사람을 상처 입히는 내용이었거나
해서 일순 서먹서먹한 분위기가 감돌거나, 등등 여러 가지가
있을 수 있지만, 순간의 기분전환으로 원래로 되돌아 간다고
하는 것은 상당히 용기와 지혜가 필요한 일이다.

그 때의 심리상태라고 하는 것은 '이거 재미없게 되었다. 어떻
게든 달리 화제를 찾아내든가, 무시하고 계속 얘기하든가, 아니
무시도 할 수 없고, 누군가가 뭔가 얘기하기 시작하면 곧 뒤이어
떠들텐데'라고 하는 형편일 것이다.

정공법(正攻法)

두 사람만의 경우에 사용한다.

"……그렇게 언제까지나 잠자코만 있지 말아요. 이번에는
이쪽도 사정이 좋지 않아서 나쁜 금년이었지만, 다시 뭔가
있다면 도움이 될지도 몰라요. 그것은 그렇고, 당신 그 동안의
건은 어떻게 됐어요? 그 뒷 얘기를 해 주지 않겠어요."

상대도 좋든 싫든 입을 연다. 그렇게 하면 활기차게 이야기가
일단락 된 쯤에서 헤어져도 뒷맛이 나쁘다고 하는 일은 없을
것이다.

전환법

이것은 기분전환을 활동시킬 필요가 있다.

"…… 앗, 나 전화할 곳이 있어요. 얘기에 완전히 열중해 버려서 잊어 버렸지만, ○○○ 군에게 이번달 ××극장의 표를 부탁했어요. 주역 배우가 굉장히 귀엽다고 해요. 당신도 팬이겠죠. 자, 잠시 실례."

자리를 일어서는 이유가 전화 이외의 일이라도 괜찮다. 그 후에 화제를 제공하는 하나의 씨를 뿌리고 도중에서 자리를 뜬다. 그리고 되돌아 와서 계속한다고 하는 수법이다. 주의할 것은, 얘기를 꺼낼 때의 타이밍이 너무 일러도 너무 느려도 안된다고 하는 점이다.

유머술

우스운 짓을 하든가, 유머로 웃어 넘기는 방법이다.

"지금 ○○○ 군의 욕을 했지만, 본인이 이 자리에 있으면 기분 나빠했을 거예요. 본인도 없는데 그 사람에 대해 나쁜 말을 하는 건 역시 바람직하지 않아요. 우리 이쪽에서 그만두기로 해요."

하고, 실제는 그 자리에 있는 인간을 이야기 상으로 부재 취급해 버리고, 말한 본인을 유머 풍부하게 비난하는 형태를 취하면 긴장된 분위기도 부드러워질 것이다.

44. 오해를 풀고 싶을 때

오해는 받고 있어도, 하고 있어도 인간 관계에 큰 나쁜 여파가 생긴다.

세상에는 '오해를 두려워할 것 없다'고 호언하는 개성이 강한 사람도 있지만, 오해가 생기면 난처한 상대가 반드시 있기 마련이다. 정말 요즘 태도가 전과 달라져 버렸다. 틀림없이 나를 오해하고 있구나. 그러면 원인은, 아하, 그것인가……, 하고

짐작이 가는 경우도 있지만, 뭐가 뭔지 전혀 모르는 경우 역시
전혀 없는 것도 아니다.

오해의 원인을 묻는다

뭐 좋아, 그럭저럭하는 사이에 상대방의 잘못이라고 깨달을
것이다. 하고, 천하 태평하게 있으면 되돌이킬 수 없는 사태가
발생하지 않는다고도 할 수 없다. 한시라도 빨리 원인이 되고
있는 오해를 제거해야만 한다

"과장님, 이것은 저의 착각일지도 모르지만, 최근 과장님은
저에게 일부러 쌀쌀한 태도를 취하고 있다고 생각되어 참을
수 없는데, 이렇다 할 실수도 없고, 과장님을 노하게 만든
기억도 없습니다. 뭐가 뭔지 통 모르겠는데, 괜찮다면 말씀해
주시지 않겠습니까?"

하고 분명하게 오해받고 있는 것 같다는 점, 그렇기 때문에
마음이 괴롭다는 점, 빨리 오해를 풀고 싶다는 점, 오해의 원인
을 알고 싶다는 점, 이상을 성의있게 전달한다.

이 때 엉터리 말투나 몹시 의심하는 태도를 취하면 오히려
이 녀석, 얄미울 정도로 뻔뻔스러운데가 있다고 생각되어 벽은
한층 두꺼워질 뿐이다.

오해의 원인이 만일 행동이라면,

"네, 그와 같이 느끼신 것은 저의 부덕한 소치이지만, 그것은
절대 말씀하신 것과 같은 일이 아닙니다. 사실 제가 ○○에
간 것은 이런 이유입니다……"

하고 정직하게 진상을 말해야만 한다. 오해란 자신이 깨닫지

못하는 부주의라도 상대는 그렇게 받아들이지 않고, 의식적인 행동이라고 생각하고 있기 때문에 오해를 하는 것이다. 그리고 충분히 의논해서 상대방의 오해를 풀 수 있다면 갑자기 피하는 것보다도,

 '이후 조심하겠습니다'하고 한 마디 덧붙이면 좋을 것이다. 부주의와 과실에 의해 오해가 생기기 때문이다.

128

화법 '금해서는 안 될' 11개 항목

1.——말만으로 위력을 발휘해서는 안된다.
2.——다변해서는 안된다.
3.——과묵해져서는 안된다.
4.——말을 빨리 해서는 안된다.
5.——허풍을 떨어서는 안된다.
6.——건방진 말을 해서는 안된다.
7.——쓸데없는 말을 해서는 안된다.
8.——울컥 치밀어서는 안된다.
9.——얼버무려서는 안된다.
10.——함부로 경어를 사용해서는 안된다.
11.——상대의 이야기를 적당히 들어서는 안된다.

45. 상대의 마음의 경계를 푸는 방법

세일즈맨의 방문, 소개받은 상대와 만날 때, 방문받는 측은 당연히 첫대면이기 때문에 경계당해도 불평할 수 없다.

우선 방문할 때의 주의 사항으로써 수염을 깎고 갈 것, 머리를 깔끔하게 빗어 둘 것, 와이셔츠는 깨끗한 것을 입을 것⋯⋯등은 상식이지만, 침착한 태도가 필요하다.

처음 방문한 집안 사람과 만나면

"저는 댁의 친척인 ○○○ 씨에게 소개 받은 ABC회사의 ○○○라고 하는 사람입니다. 오늘은 갑자기 찾아 뵈었습니다만, 실은 저의 회사에서 새롭게 ××부를 설립해서⋯⋯"

하고, 자기 자신에 대해서, 또한 방문 목적에 대해서 자세하게 설명하고, 그것을 뒷받침하는 소개장, 명함 등을 보이는 것이 예의이고, 또한 경계를 풀게 되는 것이다.

안면도 없는 사람이 아무런 예고도 없이 모르는 가정을 방문했을 때에는 면회를 거절당해도 하는 수 없기 때문이다.

상대가 '어머, 그랬었구나'하며 경계를 풀고 응대의 태도를 보이면, 그때 비로소 이쪽의 볼일에 관한 이야기로 들어가는데, 갑자기 허물없는 태도로 변하거나, 마치 강요하는 듯한 어조가 되거나 해서는 절대 안되는 일이다.

느긋한 기분으로 만들기 위해서는

또한 상대의 기분을 느긋하게 하기 위해서는, 용건 도중에 아이의 소리가 안에서 들리면 아이에 관해서 질문하는 것도 유효한 방법이다. '몇 살된 아이입니까' '건강한 것 같은 목소리 군요' 등. 작업 중인 상대의 앞이라면, 그 일에 관해서 초보적인 얘기를 두세 마디 성가시지 않도록 묻는다. 이렇게 해서 상대의 관심사에 흥미를 보이면서 이야기하는 태도가 자신도 모르게 상대의 경계심을 풀게 하는 것이다.

46. 싸운 상대와 사이 좋아지기 위해서는

친한 사이라도 의견의 차이, 오해 등으로 그만 다투어서 홱 외면한 채 며칠간을 보내는 경우가 있다.

쌀쌀해지면 친한 친구를 잃은데 대한 적적함과 후회의 마음으로 가득하다. 그러나 자신이 먼저 상대에게 입을 열기는 굴복하는 것 같아서 싫다──싫지만 화해를 하고 싶다──그런데, 상대는 어떻게 생각하고 있을까──복잡해서 두 번 다시 맛보고 싶지 않은 기분이다. 화해는 빠르면 빠를수록 좋을 것이다. 그래서 결심하고,

"A군, 요전날은 미안했다. 나도 그만 불끈해서 세게 때렸지만 용서해 주게. 자네와의 우정에 금이 가다니, 나는 어리석은 짓을 해 버렸다. 정말 자신에게 정나미가 떨어졌어."

직접 만나서 얘기를 하지 못하겠다면 전화, 혹은 편지 등으로 화해를 청하는 것도 한 방법이다.

"A군, 나 B일세. 내 쪽이 나빴어. 용서해 주게. 자네에게 그런 폭언을 내뱉고 정말 후회하고 있다네. 자네에게 절교당하는

것이 두려워서 오늘날까지 전화도 할 수 없었지만, 싸움을
해 보고서야 비로소 우정의 고마움을 겨우 알았다네.”

상대 역시 티격태격하고 싶을 리는 없을 것이다.

우선 솔직하게 사과할 것. 절대, 이쪽에게 유리하지만 일단
굽히고 나가 준다고 하는 기분을 갖지 말 것.

사과의 속셈이 싸움의 재연이 되어서는 큰 일이다. ‘사과하는
것’을 비굴하게 생각하는 것은 잘못이다. 우정이든 연애, 인류애
든 ‘사랑’을 유지하기 위해서는 반드시 자기 희생이 필요하리라
생각되며, 또한 우정이란 그만큼 귀중한 것이다.

47. 싸움의 중재법

싸움의 중재에 있어서는 그 상황에 따라서 임기 응변의 화
법, 태도를 취하지 않으면 안되는데, 주의할 점은 당신 자신이
흥분해서 그 싸움에 말려들지 말라는 것이다. 흔히 마을 어귀
등에서 싸움을 말리기 위해 끼어든 사람까지 싸움에 말려 오히
려 큰 싸움이 되는 광경을 목격한다. 중재자는 어디까지나 냉정
하지 않으면 안된다. 그리고 쌍방의 이야기를 잘 듣고 가능한
한 원만하게 수습되도록 움직여야 한다. 아무래도 화해할 수
없을 것 같은 내용의 싸움은, 어쨌든 친구간의 싸움 등은 보통
사소한 오해나 ‘오는 말에 가는 말’로 야기되는 경우가 많기
때문에 시간을 두고 당사자 쌍방의 기분을 진정시키면 의외로
간단하게 화해시킬 수 있다.

또한 부부간의 싸움인데, 이것은 옛부터 ‘부부 싸움은 개도

안 먹는다'고 하는 것처럼 대개 집안의 시시한 다툼으로 일시
적인 경우가 많고, 의외로 '정사 이야기'인 경우도 있을 수도
있다. 타인이 뻔뻔스럽게 중재에 나서는 것은 촌스런 일이다.
게다가 이것이야말로 제3자가 서툴게 개입하면 일이 보다 복잡
해져서 성가신 사태가 발생할지도 모르기 때문에 아무쪼록
조심해야 한다.

48. 주의해 달라고 부탁받았을 때

반항적인 젊은이를 달래려고, 혹은 뒤틀린 형제간을 원상태로

되돌리려고 의견을 자문받는 경우 등, 적당한 기분으로 대충 대하는 것 같은 무책임한 태도는 취하지 않기를 바란다. 상대가 아는 사람이라면 더 더욱 친형제처럼 상담에 응해 주어야 한다.

단, 일이 상당히 중대한 경우, 나중에 상대가 책임을 전가하지 않도록, '이것은 어디까지나 참고 의견이니까'라든가, '이것인지 저것인지를 결정하는 것은 당신이예요.'라고 못을 박아 두는 편이 무난하다.

의견을 자문 받았을 경우, 자기 자신의 경험, '나는 그럴 때 이러이러하게 했다', 혹은 남에게서 들은 이야기 등을 하고, 그 결과가 좋았다든가 실패했다든가를 자세하게 들려 주면, 의견을 구한 사람에게 있어서 매우 유익할 것이다.

또한 직접 의견을 들려 달라는 부탁을 받았을 때에는 설득조로, '이러 이렇게 하지 않으면 안된다'고 설복시키는 방법, 혹은 '의논조'로, 상대의 변명을 충분히 듣고, '자네의 말도 잘 알겠다. 나도 자네 정도 때는 그렇게 생각했어요.'라고, 일단 상대의 입장을 인정하면서도, 객관적으로는 '그러나 이러이러한 점이 잘못되어 있는 것이 아닐까?'하고 의견을 말하는 방법이 있다. 물론 상대에 따라서, 상황에 따라서 양쪽을 구분하여 사용하지 않으면 안되지만, 요는 정말로 친형제처럼 상대의 일을 생각해 주는 기분을 가지는 것이다.

49. 남에게 신뢰받고 싶을 때

남에게 신뢰받으려면 우선 이쪽이 상대를 신뢰하고 대하는 것이 중요하다.

상대를 경시하거나 의심하면서 남의 신뢰를 받으려고 생각하는 것은 너무 지나친 방자함이다. 자신이 남의 신뢰를 받고 싶은 것처럼 남도 신뢰받고 싶다고 생각하고 있기 때문에……

남에게 신뢰받고 싶다면 우선 자신이 자신에게 있어서 신뢰할 수 있는 인간이 아니면 안된다. 스스로 신뢰할 수 없는 자신을 남에게 신뢰시키려고 생각하는 것은 무리한 일이다.

확신있는 태도

믿음직하게 보이고, 사람을 매혹하고, 신뢰할 수 있다.

자신이 있어도 자신이 있는 것 같은 태도를 취하지 않는 심약한 사람이 있는데, 그래서는 남에게 인정을 받을 수 없고, 스스로도 그 자신이 시들어 버리는 것이다. 그 정도의 확신이 없어도 확신이 있는 것 같이 행동하고 있으면 진짜 확신이 생기는 것이다. 말을 함에 있어서도 '할 수 있다고 생각하지만'이 아니라, '틀림없이 할 수 있다' '반드시 한다' '그렇게 해 보이겠다'로 진척되어야 한다.

약속은 반드시 지킬 것

약속을 지킨다고 하는 것은 특별히 문제 될 것이 없는 것처럼 생각된다. 모든 사람이 다 약속을 지키고 있다고 하면, 그 정도의 일로 신뢰를 가질 수 있다고 하는 얘기가 아닐 것이다. 약속

을 지키는 사람이 적기 때문에 그것을 할 수 있는 사람이 신뢰
받는 것이다.

그러나 신뢰받고 있다고 해서 신뢰에 응석부려서는 안된다.
응석부리거나 하는 것은 신뢰를 배반하는 것 밖에 안된다.

신뢰받으면 그것을 배반하는 것 같은 일을 하지 않는 것은
물론, 노력가라고 하는 신용이 붙으면 한층 노력을 다해서 신뢰
에 대해 적극적으로 응답하는 것이 중요하다.

인간적인 유대도 없이 머리속으로 신뢰 받으려고 해서는 안된
다. 신뢰받고 싶다고 생각하면 신뢰할 수 있을 것 같은 자신으
로써 살고, 행동하지 않으면 안된다. 또한 신뢰로 남의 기분이
움직여지듯이, '마음의 다리'를 놓는 것이 필요하고, 사람이
우선 자신에게 주목해서 마음이 움직이지 않으면 그렇게 손쉽
게 신뢰받거나 하는 것은 아니기 때문이다.

말하기 어려운 이야기의 기술

50. 능숙한 질문 방법은

사람에게 무언가를 물어보고 싶을 때 좀체로 잘 물어볼 수 없고, 자신이 기대하는 대답을 들을 수 없어서 난처해져 버리는 경우가 있다.

"무엇무엇에 대해서 어떻게 생각합니까?"

"지금의 세상은 어떻게 된 것일까요?"

라고 하는 질문을 하는 사람이 있다. 텔레비젼이나 라디오, 신문의 질문에서, 상대에게 뭐든 좋으니까 얘기시키려고 하는 것이라면 말할지도 모르지만, 일상회화에서는 이와 같은 질문은 너무 광범위해서, 상대는 무엇을 대답해야 좋을지, 어떤 답을 요구받고 있는 것인지 갈피를 못 잡는다.

"——라고 하는 사람이 있는데 어떻게 생각하는가?"

라고 하는 질문법이라면 상당히 좁아져서 대답하기 쉬워진다.

"그런 생각도 있겠지만 찬성할 수 없어요. 나는……"

"나도 그렇게 생각해요."

라고, 하는 것처럼 상대는 대답해 줄 것이다. 듣는 사람 쪽에서 무엇을 알고 싶은지에 대해 알고, 이야기가 좁혀지기 쉽기 때문이다.

한 마디로 대답할 수 있는 것 같은 질문법은 가장 효율적이다.

'——였지요.'라고 하는 질문은 대답이 나오기 쉬워진다. 친구에게,

"김민우 씨의 생일은 2월 8일이었지요?"

라고 물으면,

"틀림없이 그랬다고 생각해요."

라든가,

"7일이 아닌가?"

라고 하는 것처럼 한 마디로 대답을 얻을 수 있다.

능숙한 질문은 상대의 마음을 파악하는 한 방법이기도 한 것이다.

51. 자존심을 상처입히지 않는 화법

화가 나면 사람은 자신도 모르게 불끈해져서 상대의 자존심을 상처입히는 것 같은 말투가 되어 버린다. 동시에 또한 우리들은 무엇보다도 자신의 프라이드가 상처입는 것을 두려워한다. 말로 받은 상처가 원인이 되어 살인을 범하거나 자살을 하거나 하는 인간조차 있으니까.

예를 들면, 회사의 상사로부터,

"뭐야 자네, 이 토탈은! 완전히 엉터리가 아닌가. 몇 년째 주판을 튀기고 있는데!"

하고 크게 호통당하면,

"정말 변명할 여지가 없습니다. 다시 하겠습니다."

라고는 대답해도 마음속은 노여움으로 떨리고 있을지도 모른다.

"이봐, 오늘의 전표 숫자가 맞지 않는건, 자네라면 드문 미스가 아닌가. 걱정거리라도 있는 것인가."

라고 하면, '그만 생각에 잠겨서 한 장 날린 것 같다. 정신 차리지 않으면……' 하고 순순히 반성할 수 있다.

이와 같이 자존심을 상처입히지 않는 말투로써,

(1) 상대의 인격을 부정하는 것 같은 말을 피할 것

"자네의 사고 방식은 정말 유치하단 말이야. 중학생이라도 그 정도는 말할 걸세."

"자네 말은 원칙론이고, 옳다는 것은 인정하겠네. 그렇지만 그 원칙을 근거로 해서 이것 저것 생각을 해 보지 않겠나?"

적어도 후자의 말투로 바꾸어야만 한다.

(2) 감정이나 충동을 일시 억제한다

감정을 스트레트로 표현하기 때문에 부정적인 말이 나오는 것이다. 성질이 없는 놈이라고 생각해도, 듣는 상대의 입장은 어떻게 될까하고 생각하는 동정심을 가질 시간이 있다면 부드러운 표현을 할 수 있다.

'그런 방법은 안된다.'

라고 하는 것을,

'이렇게 하는 편이 좋다.'

고 긍정적인 화법을 사용하는 것이 중요하다.

말이라고 하는 것은 한 번 입밖으로 나오면 제거할 수 없고, 자신은 아무 것도 아니라고 생각한 말도 상대에게 있어서는 매우 큰 상처를 입히는 말이 되는 경우가 많다. 가령 농담이라도 상대의 프라이드를 거슬리는 것 같은 말은 사용해서는 안된다.

52. 미움을 사지 않는 비평의 말투

남의 행위나 남이 만든 것에 대해서 의견을 의뢰받고 비평하
지 않으면 안될 때가 우리들의 일상생활 중에는 흔히 있다. 비평
은 자신이 기꺼이 나서는 경우라도, 혹은 남에게 의뢰받는 비평
이라도 정확하게 과녁을 쏴 맞히지 않으면 비평이 되지 못한
다.

그러나 비평이 되지 못하는 적당한 비평에는 어딘가 부족한
주제에 과녁을 맞힌 비평, 진짜를 간파한 비평을 당하면 사람은
기분 나빠하거나 화를 내거나 한다. 스스로는 그 정도는 무시하
고 그대로 가만히 숨겨두고 싶은 부분을 들키거나, 아픈 곳을
쿡쿡 찔리거나 하기 때문에 무리가 아닐지도 모른다.

그러나 비평하는 측으로서는 일일이 그 일로 화풀이 당하거
나 기분 나쁨을 당하고 있어서는 견딜 수 없다.

그렇다면 칭찬할 때는 칭찬한다 치고, 상대에게 기분 좋은
비평까지는 가지 않더라도 미움을 사거나 원한을 사거나 하지
않는 비평 방법은 없을까.

그것을 위한 요령은, 우선 처음에 칭찬하는 것이다. 비평의
목적은 본인이 깨닫지 못하는 결점, 단점, 비행, 실패, 성과 등,
여러 가지 점에 대해서 지적하고, 반성을 요구하거나 상달을
재촉하는데 있지만, 살펴보면 칭찬받을 만한 점이 반드시 있기
마련이다. 그것을 칭찬하는 것이다.

비평받는 사람은 비평을 공격과 같이 느끼고, 자신의 자아를
지키려고 하는 태도로 나온다. 마음이 굳어지고 경계를 해 버리

면 이쪽의 말을 받아 들일 마음의 여유가 없어지기 때문에, 모처럼의 비평도 상대에게 이르지 못한다. 그러나 처음에 칭찬을 받고 나면 자신은 공격받는 것이 아니고, 그 다음부터 아픈 비평이 나와도 그것을 받아 들일 여유를 가지고 기분 나빠하거나 미워하거나 하는 일이 없다.

예를 들면 이런 식이다. 머리형을 바꾸고 온 연인에게,

"당신의 머리털은 언제 봐도 검고, 반들반들 윤기나고 아름다워요. 그런데 그 머리 스타일은 조금 더 어른이 된 후에 하는 편이 어울리리라 생각해요."

결국 그 머리형은 그만두는 편이 좋다고 말하고 있는 것인데, 처음에 머리의 아름다움을 칭찬하는 말에 기분이 좋아져서 그녀는 별로 비관하는 일도, 화를 내는 일도 없이 다음 데이트부터는 좀 더 나이에 어울리는 귀여운 머리형을 하고 올 것임에 틀림 없다.

또한 직장에서 상사로부터 당신의 의견이나 생각하는 바를 서술해 달라는 요구가 있어, 의문을 느끼는 점이 있었을 때도 마찬가지다. 예를 들면——.

"나는 그것으로 괜찮다고 생각합니다. 그렇지만 이 점이 매우 불안하다고 생각하는데, 저의 지나친 생각일까요?"

비평의 경우 주의하기 바라는 것은 본인에게 있어서 자만이 되지 않는 비평, 창피하고 쑥스러운 생각을 할 것 같은 비평은 제3자가 있는 곳에서 말해서는 안된다고 하는 것이다. 자신을 놀림감으로 취급한 것 같이 비평자를 원망하기 때문이다. 비평은 그 본인 한 사람에게만 말해야 하는 것으로써, 그 비평을

142

다른 사람이 듣는 곳에서 하지 않도록 잘 주의하지 않으면 안된다.

53. 재치있는 야유의 말투

생생한 회화를 즐기기 위해서는 스트레트로 비난해서 맛도 냄새도 없게 만들어 버리는 것보다, 야유로써 말하면 한층 효과가 오른다.

아메리카의 희극배우 글루쵸 마르크스는 텔레비젼을 이렇게 말했다고 한다.

"텔레비젼은 내게 상당히 좋은 공부를 시켜 준다. 누군가가
T · V를 켜면 항상 다른 조용한 방으로 가서 책을 읽을 수
있기 때문에."

이것을 '텔레비젼 따위 시끄러워서 곤란하다'든가, '텔레비젼
이라고 하는 것은 생활의 방해자다'라고 말한다면 불평스럽게
들리는 것밖에는 달리 척 와 닿는 것이 없다. 방해가 되는 텔레
비젼을 '공부시켜 준다'고 하는 말로 비난한 점에 통렬한 신이
나는 것이다.

시인 쟝 꼭도에게,

"당신은 운이라고 하는 것을 믿으십니까?"

하고 질문한 사람이 있었다. 그는 잠시 생각하는 듯이 있다가,

"그것을 믿어요. 믿지 않을 수 없어요. 그렇지 않다면 자신이
싫어하는 인간이 성공해 있는 것을 어떻게 설명할 도리가
없기 때문이죠."

'인간 한 사람을 죽이면 살인죄로 문초당하고, 백만 명을 죽이
면 영웅이 된다.'

란, 채플린의 영화 〈살인광 시대〉의 마지막 대사인데 이 논법을
흉내내서 어떤 사람이 말했다.

"한 사람의 작품을 훔치면 표절로 문초당하고, 많은 작품을
훔치면 학자라고 일컬어진다."

더욱 비꼬아서,

"한 사람을 속이면 악당이라 불리고, 많은 인간을 속이면
정당이라고 불린다."

말놀이를 하고 있는 것 같지만, 꽤 날카로운 야유다. 마음

속의 말이 능숙한 표현을 얻기 위한 야유라고 해야 할 것이다.

일반적으로 야유란 역설적인 말 주변 속에 날카로운 비평 정신이 담겼을 때에 정채를 발한다. 또한 옛부터 서민의 노래, 익살시 등에도 이 야유의 에스프리(기지)가 담겨 있는 것이다.

관리의 자식은 쥐엄쥐엄을 잘 배우고,
장군의 과거는 들에 숨고 산에 숨고,
상인의 생애는 돈을 모은다.

54. 역설의 사용법

예를 들면, 음주의 해를 설명하는데 다음과 같이 말하면 어떨까?

"음주의 좋은 점은 세 가지 있다. 첫째는, 음주는 돈이 들어오면 마셔 버리기 때문에 돈이 좀체로 모이지 않는다. 그래서 도둑이 들어올 걱정이 없어 밤에 푹 잘 수 있다. 둘째, 술을 계속 마시면 위가 나빠지고 식욕이 없어져서 세 끼의 식사를 두 끼로 때울 수 있다. 셋째, 술을 마시기만 하면 다른 모든 일은 어떻든 상관 없어져서 화를 내는 일이 적어진다."

음주를 좋은 것이라고 말하면서 그 해를 열거한다.

직접 술을 마시는 것은 나쁘다고 말하는 것보다도 음주의 해를 알리는 데는 이 편이 보다 효과적이다.

"당신이 말하는 것은 전혀 말이 안돼요."

라고 하면, 상대는 화가 나서,

"어디가 말이 안돼요?"

라고 따지며 덤빌 것이다. 그것을 온화한 어조로,

　"당신의 말은 훌륭해요."

라고 말하면, 그것은 절대로 상대가 말하고 있는 것을 긍정하는 것이 아니라, 무시하고 문제 삼지 않는 것인데, 그런 말로 엄하게 야단맞으면 사람은 항변도 할 수 없고 잠자코 있을 수 밖에 없다.

　"당신의 이것은 우작(愚作)이다."

라고 하는 대신,

　"이 녀석은 확실히 걸작(傑作)이예요."

라고 한다. 그 방법으로,

"듣고 싶지 않으면 듣지 않아도 돼요."

"당신이 하고 싶은 대로 해도 좋아요."

"당신과 같이 대단히 잘 헤아리는 인간은 본 적이 없어요."
라고 한다.

그것은 말의 책략으로, 잘 헤아리지 못하는 독선적인 인간을
가볍게 밀어 내고, 그 입을 봉하는 방법이다. 역어(逆語)는 그것
이 역어임을 알고 있어도 해 볼 도리가 없다고 하는 강점을
가지고 있다. 그러므로 교활한 인간은 그 역어만 사용해서 상대
를 얼버무리고, 진지한 이야기·진지한 교섭을 피하려고 하거나
하는데, 그런 교활한 역어 사용은 상대를 막으려는 속셈으로
자신을 세상으로부터 막아 버리게 될지도 모른다.

어디까지나 변칙적인 사용법이기 때문에, 가벼운 내용을 가
진, 조금은 농담적으로 사용하는 것이 무난하다.

55. 능숙한 허세

노천 상인들의 손님을 불러 들이는 등의 훌륭한 말에 이끌려
서 감쪽같이 모조품을 붙들고, 속았던 경험은 누구나가 가지고
있을 것이다.

"약속 어음이나 자기앞 수표가 아니에요. 현금으로 싹 지불할
께요. 지금 은행에서 막 찾아 온, 손이 베어질 듯한 빳빳한
1만원짜리 지폐예요. 어때, 5%만 더 싸게 해 줘요."

상인의 흥정에 흔히 사용되는 상투적인 수법이다. 이런 때

현금을 약점으로 상대가 양보하고 나서면 돈을 모아 내는 것
이 통례인 것 같다.

처음부터,

"당신의 애기는 듣지 않더라도 전부 알고 있다. 내게는 기맥
상통으로 들어오니까?"

하고 몹시 꾸짖으면 상대는 깜짝 놀라서 오그라들게 마련이
다.

이와 같이 선수를 쳐서 상대의 약점을 꽉 잡는 것은 누구나
하는, 조금 품위가 없는 허세인데, 궁리함에 따라서 상대를 기분
좋게 자신의 페이스에 말려들게 하는 화술이야말로 몸에 익혀
두어야만 한다.

1. 숫자를 유효하게 사용한다

죽은 어느 나라의 수상은, 국민에 대해서 숫자를 열심히 휘둘
러서 신용을 얻으려고 하고 있었다. 일반적으로 우리들은 숫자
를 구체적으로 열거할 수 있으면 그만 신용해 버리는 경향이
있다.

어느 영업 사원은 회의 석상에서,

"이번 출장 검사 결과 우리 회사의 제품은 호남 지방에서
시장 점유율 21.76%, 영남지방에서 6.47%, 영동지방에서
……"

하고 메모도 보지 않고 줄줄 숫자를 열거해 가기 때문에 중역
들의 신용이 갑자기 두터워졌다고 한다.

148

2. 연구된 연출

염복가로 알려진, 사장과 동행한 여성이 사모님임을 알면서도 일부러,

"사장님, 이 분은 첩입니까?"

하고 물은 남자가 있었다. 물론 첫대면임은 말할 필요도 없다.

"당치도 않네. 집사람이야."

"그렇습니까. 젊고, 너무 아름다운 분이기 때문에, 저는 첩이라고 생각했습니다."

"어머나, 발림말."

의표를 찌르고, 자만을 조금 자극하는 이런 종류의 말은 상당히 어려운 허세다.

상대측을 솜씨 좋게 치켜 세우는 역의 허세라고 말할 수 있을 것이다.

돈의 대차(貸差)와 재촉 방법

56. 면접 시험에 성공하는 화술

필요한 마음 가짐

면접 시험에 성공하는 중요한 주의사항으로써는 침착하고 평정을 잃지 않는 것이 필요하다. 동시에 솔직하고 자기를 꾸미지 않는 것이 중요하다. 면접관은 모두 인생의 경험이 풍부한 남자들이기 때문에 말뿐인 자기 연출은 곧 간파당해 버린다. 질문받은 내용을 있는 그대로 간단 명료하게 또박또박 대답하고, 지나치게 말을 많이 하거나, 요령을 잡을 수 없는 이야기를 줄줄 떠들어 대면 실격이다. 하긴 표현이 간단해서 오해를 부를 우려가 있을 때는 진의를 이해할 수 있을 정도로, 일단 보충 설명해 두는 것도 잊어서는 안된다.

또한 면접 시험은 대답의 내용도 중요하지만, 그 이상으로 태도, 복장이나 인품이 심사의 대상이 된다.

어떤 태도가 좋은가

수험생은 한 사람 한 사람 불려 들어가서 질문을 받는데, 방에 들어갈 때의 도어 노크 방법, 여는 방법, 닫는 방법, 들어간 후의 시험관에 대한 인사 방법에 우선 시선이 집중된다. 일반적으로 면접 시험에는 수 명의 시험관이 모여서 각각의 위치에서 질문하는 것이 보통이기 때문에, 방에 들어간 순간에 시험관의 인수를 확인하고, 다음으로 침착하고 가볍게 인사를 하고, 마음의 준비를 한다. 이 경우 특히 주의하지 않으면 안될 것은 시험관이 두세 명밖에 없는데 도대체 누구에게 인사를 하고 있는지 모르는 것 같은 인사 방법은 금물이다. 대개 자신이 앉는 의자

앞의 인물을 중심 인물로 보고 인사해야 한다. 이 때의 행동 거지가 재빠르면 시험관에게 좋은 첫인상을 줄 수 있다.

질문에 대한 대답 방법

질문의 응답을 하고 있는 동안 수험자는 조금이라도 잘 보이려고 긴장한 나머지 굳어지는 경향이 있는데, 수험자는 자신의 진가를 있는 그대로 보이면 된다고 하는 기분으로 시험에 임하면 되기 때문에, 그렇게 하면 자연히 마음의 평정을 유지할 수 있어 질문에도 태연하게 답할 수 있는 것이다. 시험관 쪽에서도 수험자가 건방진 태도로 보이지 않는다면 굳이 심술궂은 질문을 해서 곤란에 빠뜨려고는 하지 않는다.

주의할 점

수험자로서 가장 보기 흉한 것은 시험관과 시선이 마주쳤을 때에 부자연스럽게 눈을 딴 데로 돌리는 것 같은 행동으로 심증을 나쁘게 한다.

대답 방법의 포인트는 알고 있는 것, 모르는 것을 분명히 말하는 것이다. 답변을 얼버무리는 것은 절대로 금물이다. '모른다'고 대답하면 안될 것이라고 생각하고 적당히 아는 체를 하면 그런 대답 방법을 추궁당해서 창피를 당하게 된다. 어쨌든 조리를 세워서 분명히 대답할 것, 이것이 뭐니뭐니 해도 중요하다.

또한 시험관에게 아부하는 것 같은 비굴한 태도도 오히려 역효과로, 낮은 평가를 받는다.

57. 능숙한 상담(商談)의 권유 방법

상담이란 글자와 같이 장사의 의논이기 때문에, 화술이 능숙하다고 하는 것만으로는 성립하는 것이 아니다. 내놓는 측은 10원이라도 비싸게, 들여가는 측은 보다 싸기를 바라는 것이 당연하며, 금액의 일치를 찾아내는데 애쓰는 것이 상담이다.

일례이지만——,

"지독해요. 견적의 8배라니. 아무리 뭐래도 그렇지, 이쪽이 반출입니다."

"그렇습니까? 내 쪽으로서도 예산이 있어요. 견적의 이 ③따위, 이쪽의 예산과 비교해서 아주 높아요."

자, 드디어 이제부터 흥정이 성공하느냐, 성공하지 못하고 끝나느냐의 긴장된 회화가 계속된다.

1. 상대의 이익을 강조한다

"아니, 이 ③말인데, 이 외장(外裝)이 처리되었느냐 아니냐에 따라 저장 기간이 전혀 다릅니다. ××의 수입 재질로 처리되어 있는 것은 우리와 다른 한 회사 뿐으로 굉장히 평판이 좋아서 각광받고 있습니다. 이것을 제거해 버리면 댁의 회사도 나중에 내부의 손상이 빨리 옵니다. 수리비도 비싸게 매겨지고, 본품으로써도 훨씬 달라집니다."

"그야 뭐 그렇겠지만……. 그래도 이쪽의 예산이 있어서 말이야."

2. 근본에 있어서는 양보하지 말고, 사소한 양보를

"그렇습니까? 그렇다면 이 ⑪말인데, 최상급을 사용한 숫자이기 때문에, 이것을 ××의 제품상으로 바꿔 봅시다. 그렇게 하면 실질은 변하지 않고, 단가가 이것이 되어 ⑪은 이 만큼 삭감됩니다."

"응, 그러나 겨우 ○○원밖에 싸지 않는 거로군요."

3. 제품 서비스의 우수성을 설득한다

"그렇게 말씀하셔도 우리들로서는 최대한으로 서비스해 드리고 있는 것이기 때문에, 게다가 A사나 B사로부터도 주문 받았지만, 만족해 하고 있습니다. 만일 사용하시고 나서 적당치 않다면 곧 다시 해 드리겠습니다. 물론 우리들의 서비스로 하겠습니다."

"그야 알고 있지요. 그래서 댁에게 부탁한 거니까. 그러나 예산이……."

4. 시비를 판단한다고 하는 최후의 성의

"알았습니다. 그럼 이렇게 합시다. 이 ⑦말인데, 우리들로서도 조금 스톡이 있으니까 설치의 수고만큼은 무료로 합시다. 그렇게 하면 ⑦이 약해져서……, 의 가격으로 해 주시지 않겠습니까?"

이 상담이 성립했다고 가정하면, 우선 열의를 상대에게 전하고, 상대 마음속의 예산을 읽고, 양보할 수 있는 것은 상대방을 치켜 세우고, 근본은 관철시켜서 이익을 지키고, 또한 이

흥정은 상대방에게 있어서도 유리하다는 점을 강조하고 있다. 제품에 대한 질문이 나오면, 정확한 지식을 전달하는 것은 말할 필요도 없다.

58. 용담을 성립시키는 화술

① 설득적일 것

인간은 복잡한 감정이나 심리를 모두 가지고 있다. 그 감정이나 심리를 여러 가지로 분석해서, 이 점을 공격하면 이렇게 되는군, 라고 하는 사실을 알면 용담을 유리하게 진행할 수 있다.

상대의 급소가 어디에 있는지, 그 급소를 우선 첫째로 파악해서 그곳을 노리고, 이쪽의 용건을 집중시켜 가면 효과가 오른다. 그저 막연히 용건을 늘어 놓아도 과연, 하고 생각하게 하지 않으면 상대에게 이쪽의 절실감을 이해시킬 수 없다. 또한 이 경우 농담이나 익살은 삼가는 편이 좋을 것이다. 상대에게 이쪽의 진지한 면을 의심받는 정도의 역효과밖에 생기지 않는다. 간단 명료하게, 더구나 호의있는 순진함으로 이야기를 진행한다.

② 열의를 보일 것

용담을 성립시키는데 있어서의 조건이 이쪽측에게 분명히 불리하다는 사실을 알고 있는 경우 등, '안됩니까. 하는 수 없네요' 하고 간단하게 물러나 버리는 경향이 있다. 그러나 처음부터 포기한다면 일의 대부분은 미해결 상태일 것이다. 조건의 불리를 카바하는 것, 그것이 열의이고 끈기이다. 상대에게 맞선다.

③ 감정적이 되지 말 것

인간은 감정의 동물이다.

냉정하게 생각해도 이야기가 복잡하게 얽혀 들어가면 소리도 거칠어지고, 감정적이 되어 버린다. 어디까지나 냉정하게, 비지니스다운 의논이 바람직하다. 눈물이라고 하는 수법도 일과 사정에 따라 다르지만, 첫번째는 어쨌든, 두번째, 세번째에 사용할 수 있는 수단도 아니고, 페어 플레이도 아니다.

④ 예의를 차린다

아무리 무엇을 부탁하는 입장이라도 상대가 한 마디 할 때마다 '정말?' 하고 놀랄 만큼 비굴한 태도를 취할 필요는 없지만, 인간으로서의 성실과 예의만은 잊지 않기를 바란다. 용담이 결판났을 경우는 어쨌든, 생각한 것 같은 대답을 들을 수 없다고 하여 불끈해서 상대를 매도하거나 협박을 하고 자리를 일어서거나, 그와 같은 상황으로 헤어지면 다음 용담 때에 서먹해지게 된다. 그 때 거절당했다고 해도 그 용담을 하러 온 사람의 태도, 말이 상대에게 좋은 인상을 남겨서 두 번, 세 번째에는 반드시 용건을 성립시키려는 열의가 필요한 것이다. 그것이 반대라면 두 번, 세 번 거듭될수록 용어를 제대로 결말짓기가 어려워진다.

59. 만족스런 쇼핑을 하기 위한 화술

모처럼 마음에 드는 것을 찾으려고 하고 있는데 이쪽의 주문을 제대로 설명할 수가 없어서 결국 그곳 점원의 친절한 권유로 마지못해 타협해서 사 가지고 돌아왔다면, 나중에 후회해도 소용없다.

가구, 양복, 장식품 등 소유자의 개성을 강하게 표현하는 것이 되면 더욱 더하다. 윈도우나 안의 케이스에 진열되어 있다고 해서 그 가게에 틀림없이 있다고는 단정할 수 없다.

"이것과 같은 형으로 조금 더 소형의 검은 가방이 있나요?"

"색깔은 이 세번째와 같은 것이면 괜찮겠지만, 장식이 적은 것이 없을는지?"

가까이에 있는 상품과 비교해서 물으면 알기 쉬울 것이다.

"이런 느낌으로, 비슷한 것 같은 것을 세네 개 보여 주십시요."

이래서는 가격도, 보여주는 물건도 제각각으로 당신의 마음에 드는 것은 없을지도 모른다.

"이 디자인이 굉장히 마음에 들어요. ○○원까지로 같은 디자인이 있을는지. 천이 나빠져도 하는 수 없지."

하고 한 마디 하면, 무리하게 지갑을 들볶지 않고 즐거운 쇼핑을 할 수 있을지도 모른다. 오랜 시간을 들여서 여기저기 돌아다니면 언젠가는 마음에 드는 것이 발견될지도 모르지만, 짧은 시간에 능률적으로 해결하기 위해서는 아무래도 점원에게 이것 저것 물어 볼 필요가 있다.

또한 선물 등으로 무엇을 선택해야 할지 잘 모르는 경우, 선뜻 점원과 상담하면, 의외로 과연, 하고 수긍할 만한 의견을 들을 수 있는 경우가 있다.

"한 집에 1만원 예산으로 세 집에 선물을 하고 싶은데 무엇이 좋을지 전혀 짐작이 안가는군요. 세 집 모두 아이들이 있는 가정이기 때문에 아이가 좋아할 만한 것을 사고 싶은데."

혼자 멋대로 정해 버리는 것보다 이렇게 상담하면 어떤 좋은 착상을 얻을지도 모른다.

또한 가구 등은 한 번 사면 쉽게 바꿀 수 없는, 평생 사용할 수 있는 것으로, 그런 까닭에 납득이 갈 때까지 주문을 덧붙여도 상관없다.

"여덟 자의 서양식 방으로 융단 색깔은 ○○, 벽은 ○색, 그곳에 둘 3점 세트이니까 색은 ○○이나 ××이 좋으리라 생각한다. 크기는 여기에 있는 정도로, 너무 어마어마한 느낌을 주지 않기 위해서 심플한 마무리가 좋다. 가격은 ○○원 이내가 아니면……"

이렇게 구체적으로 설명하면 점원도 친형제처럼 재고를 조사하거나, 주문해서 가져오게 하거나 해서 당신의 희망에 맞도록 물건을 권해 줄 것이다.

60. 돈을 빌릴 때의 비결

돈을 빌리고 싶다고 하는 부탁은 좀체로 입밖에 내기 어려운 것이다. 그러나 다급해졌을 때에는 그렇게라도 말하지 않을 수 없다. 상대를 만나면 결심하고, 맨 먼저 이 용건을 꺼낸다.

당당한 태도

서투르게 망설이며 좀체 말을 꺼내지 못하고 있으면 오히려 상대에게 눈치채여서, '요즘은 물가도 오르고, 자금 융통에도 힘이 들어요……'라고, 은근히 선수를 당해 버린다.

게다가 처음에 탁 털어 놓고 얘기를 꺼내면 가령 거절당해도 나중에 잡담이라도 하면 뒷맛이 개운치 않은 생각을 하지 않고 헤어질 수 있다.

필요 금액의 명확함

다음으로 중요한 것이 빌리고 싶은 금액을 분명하게 말하는 것이다. '5만원 정도'라든가, '10만원 쯤'이라고 애매한 요구를 하면 그만큼 진지함을 의심받는다.

특히 주의할 점은 한 번 부탁한 금액을 금방 스스로 깎거나 하지 않는 것이다.

"5만원 부탁하고 싶은데, 뭣하면 1만원이라도 괜찮습니다." 라고 하는 것 같은 말투는 마치 흥정을 하고 있는 것 같아서 상대를 설득하는 힘이 없어져 버린다.

반제일의 명시

말할 필요도 없는 일이지만 차금의 경우에 가장 중요한 것

은 빌린 돈을 약속한 날짜에 반드시 갚는 것이다. 만일 사정으로 갚을 수 없다면 그 날짜에 스스로 찾아가서 부득이한 사정을 얘기한다. 그리고 반제일을 다시 한 번 약속한다.

10만원을 1개월 정도 친구에게 빌리고 싶을 때, 아무리 친한 친구 사이라도 '10만원 정도, 잠시 빌리고 싶은데'라고 부탁해도 반드시 빌려 준다고는 단정할 수 없다.

아무리 친한 사이라도 돈의 차금은 하지 않는 편이 좋다고 흔히 말한다. 만일 질질 빌려 준 상태가 되어서 좀체로 반제되지 않을 경우, 그것이 원인이 되어 우정이 깨지는 경우가 많기 때문이다.

그래서 아무리 친한 사이라도 반드시 반제의 약속은 지킨다
고 하는 점을 강조한다. 물론 돈이 필요한 이유, 그 용도, 반제
기일, 돌려주기 위한 구체적인 전망(급료, 보너스가 들어온다든
가, 초과 근무 수당을 거기에 충당한다든가)을 설명하지 않으면
안된다.

"××× 씨, 어려운 부탁이지만, 10만원 정도 빌리고 싶어
요. 이번 달 여러 가지로 지출비가 많아서 월말까지 지탱하지
못하겠어요. 여기에 차용증서를 써 왔어요. 만일의 경우 증거
가 되어 절대로 폐는 끼치지 않을게요. 월말에 월급이 들어오
면 갚겠습니다. 이자는 드리지 못하지만 로드 쇼 정도는 보내
주겠어요. 안될까……."

이런 식으로 부탁하면, 그 사람에게 10만원의 여유가 있는
한 반드시 OK가 될 것이다.

61. 재촉의 능숙한 방법

"이봐, 요전날 빌려준 미로의 화집 어떻게 됐어? 빨리 돌려
줘. 잠깐 빌려달라고 하더니 벌써 반달이잖아. 설마 더러워진
것은 아닐테지. 그것, 한정판으로 비싸."

친한 친구에게는 거친 말로 빌려 준 물건을 재촉해도 상관없
지만, '설마 더러워진 것은 아닐테지. 그것 비싸'는 듣기 거북한
소리다. 이런 식의 말을 들으면 자신의 잘못은 접어두고,

"뭐라고 했어. 그림 따위 알지도 못하는 주제에, 한정판, 한정
판하고 자랑스러워하지마. 알았어. 내일 돌려줄께. 돌려주면

될 것 아냐, 돌려주면."

라고 하는 결과가 될 지도 모른다.

'가는 말이 고와야 오는 말도 곱다'고 하는 것이다. 화집은 무사히 돌려 받아도, 두 사람의 친구 교제는 이미 원상태로 되돌릴 수 없다. 사소한 일로 모처럼의 친구와 서먹서먹해진다고 하는 것은 어리석은 일이다. 이것은 재촉 방법이 나쁘기 때문이다. 말은 거칠어도, 이렇게 말해 보면 어떨까?

"요전날 빌려 준 미로의 화집 돌려주지 않겠나. 자네가 그것에 매혹되어 있는 줄은 알지만 좀 필요해졌어. 다 보았으면 돌려 줘."

정말로 필요한지 아닌지는 이 때 문제가 안된다. 친구와의 사이에 틈을 만들지 않도록 능숙하게 재촉하는 것이 중요하다.

빌려 준 돈의 재촉도 마찬가지로 할 수 있다.

"지난 달 빌려 준 10만원, 내일이라도 돌려주지 않겠나. 사실 이번에는 내 쪽이 절박해. 절대 잊지 말고 부탁해. 점심 식사를 할 수 없게 되기 때문이라네."

62. 중대한 상담을 할 때의 화술

중대한 상담이 있어서 사람을 방문한다. 선뜻 응해 줄 것 같은 상대는 아니다. 느닷없이 그 얘기를 꺼내는 것은 재미없다. 지장이 없는 세상 얘기로 아무렇게나 적당히 얼버무리고 있는 사이에 그만 얘기를 꺼낼 기회를 잃고 맥없이 물러난다――이런

때 어떻게 하면 스무드하게 용건을 꺼낼 수 있을까?

태도와 말

전혀 모르는 사람에게 상담을 하는 사람은 거의 없을 것이다. 친구, 상사, 친척의 연장자라고 가정해 두기로 한다. 잡담 등으로 부드러운 분위기가 되면 태도와 말을 새롭게 해보는 것이 어떨까.

"실은 오늘 찾아 뵌 것은 다름이 아니라."

"선배에게 긴히 부탁드리고 싶은 얘기가 있어서, 실례했습니다."

내용의 정확함

그 내용이 물질적 원조, 신상 상담, 또는 갖가지 의뢰라고 해도 상대방은 당신 이야기의 내용의 정확함에 따라서 친 형제처럼도 될 것이고, 적당한 접대 상대도 될 것이다.

내용의 포인트를 이해받을 수 있도록 요점을 스트레트로. 애매한 표현이나 어물거리는 것 같은 설명은 하지 않도록 한다.

자금책(資金策)을 부탁할 때

예를 들어, 새롭게 장사를 시작하기 위한 상담이라면 그 종류, 시작하는데 있어서의 선택 이유, 전망, 장소, 설비 자본, 이윤률 등, 분명한 청사진을 완성한 다음에 미비한 점을 가르쳐 달라, 자본금이 얼마 부족하다, 능숙한 매입 방법은 없는가……를 구체적으로 상담해야만 한다.

"……이번에 장사를 시작하려고 생각하는데, 자본금은 앞으로 어떻게든 조달한다고 치고, 어떤 장사가 이가 남을지." 라고 하면, 본인은 아무리 절실한 문제일지라도 상대로서는 다시 한 번 분명한 계획을 세운 다음에 다시 만나자고 말하고 싶어질 것임에 틀림없다.

신상 상담

"회사를 그만두고 싶다고 생각해서."

"그만두고 어떻게 할 거야."

"선배님이 어디 다른데 소개해 주십시오."

라고 하는 것은 말이 안된다. 그만두고 싶은 동기, 결심의 세기, 자신에게 적합한 일, 장래의 희망, 그런 포인트를 전부 상대에게 전한 다음 비로소 '처신'의 상담을 할 수 있는 것이다.

63. 부탁을 하고 싶을 때에는

의뢰할 경우에는 여러 가지 말씨가 있다. 물론 그 사용법은 용건에 따라서 다르지만, 일반적으로 용건을 꺼내기 전에 덧붙이는 말을 보면,

* 매우 말씀 드리기 죄송하지만,
* 말씀드리기 곤란한 얘기지만,
* 매우 뻔뻔스러운 부탁이지만,
* 매번, 정말 염치없지만,
* 부탁이 있을 때만 찾아 뵙는 것 같아서, 기가 죽지만,

이런 말을 미리 덧붙여서 상대에게 성의를 보인다.

부탁을 승낙받기 위해서 중요한 것은 '성실함'이다. 그 성실을 보이기 위해서 현재의 사정과 계획과 예상을 분명히 서술한다.

다음에 부탁할 경우는 미리 그 상대를 잘 연구해 두는 것이다. 물건 받기를 기뻐하는 사람, 받아도 받지 않아도 개의치 않는 사람, 혹은 아부를 할수록 부탁하기 쉬운 사람 등 여러 가지이기 때문이다.

굴욕적일 정도로 빌붙을 필요는 없지만, 상대에게 맞는 부탁 방법을 취하는 편이 효과도 큰 것이다.

상대의 기색을 관찰하고, 기분을 관찰해서, 기분에 맞추도록 한다. 또 하나, 억지로 밀어 붙여서 부탁할지, 단념하고 일단락 지을지를 적당하게 판단하고 이야기를 진행하는 것이 중요하다. 정중하고 겸허한 태도는 끝까지 지키고, 거절당했다고 해서 울거나 화내거나 욕을 퍼붓는 것 같은 감정을 노출시키는 태도 는 삼가하도록 한다.

다음에 의뢰의 말을 두세 가지 참고 삼아 들어 두겠다.

* "오랫동안 교제를 바라고 있는 저를 부디 신용해 주셔서, 이름만이라도 빌고 싶습니다."
* "상대방에서는, 이쪽의 소개가 있으면, 하고 원하고 있으므 로, 약간 뿐인 연고를 의지해서 찾아 뵙게 한 것 같습니다. 무례하고 뻔뻔스러운 부탁이지만 부디 잘 들어 허락해 주십 시요."
* "아무래도 당신이 나오시지 않는다면 회의는 성립되지 않습니다. 이것은 내 생각일 뿐만 아니라 ×××씨도, ○○ ○씨도 모두 같은 의견입니다. 여러 가지 사정도 있으시겠 지만 부디 들어 허락해 주셨으면 합니다."

64. 의뢰, 차금을 거절하기 위해서는

거절을 능숙하게 하면 회화도 제구실을 할 수 있게 된다. 예

를 들어 연구해 보도록 한다.

차금(借金)을 거절하는 법

차금을 의뢰받고, 이것은 거절하고 싶을 경우,

"꼭 빌려 주고 싶습니다만 공교롭게도 자금 사정이 좋지
않습니다. 다른 때 같으면 기꺼이 도움이 되어 드리겠지만."
라고 하는 것은 일단 무난한 거절 방법이지만, 이 만큼 냉정한
말은 없다. 친구가 정말로 난처할 때에는 언제라도 가능한 한
힘이 되도록 한다. 돈이 곤란할 때라도 힘이 되는 경우가 있기
때문이다. 또한 정말로 아무리 해도 돈이 없는 사람에게는 대개

빌리러 오지 않을 것이다.

사람은 정말로 빌려 줄 마음이 있으면 그야말로 어떤 사정이 있어도 빌려주는 법이다. 빌려 주고 싶지 않기 때문에 빌려 주지 못하는 것이다. '사실은 수중에 없다' 혹은, '돈이 없다'는 식의 대답으로는 오히려 성의 부족이다. 그래서,

"그 정도의 액수라면 있기는 있습니다. 그런데 전부 예산이 정해져서 빌려 줄 여분이 없습니다. 만일 무리를 해서 당신에게 빌려주면 이번에는 제가 매우 난처해져 버리기 때문에, 실례하겠습니다."

라고 말하면 수중에 10만원이 있어도 5만원의 부탁을 당당히 거절할 수 있게 된다.

또한 빌려 주고 싶어도 형편이 좋지 않을 때에는,

"내가 그 정도의 자금 사정이 좋지 않다고 말하면 믿지 않을지 모르지만, 사실입니다. 그렇지만 가능하면 힘이 되고 싶으니까, 다른 사람에게서 빌리는 보증이라면 기꺼이 하겠습니다."

라고 사정을 얘기하고 거절하면, '가지고 있는데 빌려주지 않는다'고 미움을 사지는 않게 될 것이다.

중요한 물품을 빌려주고 싶지 않을 때

'어머나 안돼요. 내가 다 읽기를 기다리고 있는 사람이 있습니다. 실례합니다.'라고 하는 편이, '사실 나는 남에게 책을 빌려주는 것을 싫어해요.'라고 무정하게 거절하는 것보다 좋을 것이다.

책 뿐만 아니라 카메라나 트랜지스터의 경우도, '어머, 이거 선약이 있어요.'라고 아차하는 순간에 말할 수 있다면, 서로 서먹서먹한 생각을 하지 않아도 될 것이다.

옷을 빌려주고 싶지 않을 때

"……미안하지만, 좀 상태가 좋지 않아요. 미안합니다."

이것도 별로 나쁜 거절 방법은 아니지만,

"째째해서 빌려주지 않는 게 아니예요. 그렇지만 나 자신의 옷을 타인이 입는 것은 아무래도 싫어요. 가령 당신과 같이 좋아하는 분이라도. 제발 이해해 줘요."

라고 말하면, 자신이기 때문에 빌려주지 않는 것이다라고 해석해서 불쾌해지는 일은 없을 것이다.

생명보험 권유를 거절하고 싶을 때

애매하게 '나 한 사람의 생각으로는 결정할 수 없기 때문에 남편에게 물어보고……'라고 해서는 거절한 것이 안된다. 몇 번이라도 권유하러 찾아 온다. 분명하게 가입할 의지가 없음을 잘라 말하지 않으면 안된다.

"이것은 내 생각이지만, 지금 가입하고 싶지 않고, 실제로 자금 쪽의 여유도 없어요. 그러므로 남편에게도 전하지 않았고, 몇 번 찾아오셔도 같은 대답밖에 할 수 없어요. 제발 단념해 주십시오."

화법, 9가지의 원칙

1. 이야기할 때 입을 크게 벌릴 것
2. 혀와 입술을 마음대로 사용할 것
3. 적절하게 호흡할 것
4. 자세를 바르게 할 것
5. 적절한 속도로 이야기할 것
6. 자연스럽게 이야기할 것
7. 초조하게 굴지 말고, 서두르지 말 것
8. 상대의 팔 밑에 시선을 둘 것
9. 자신의 이야기에 신념을 가질 것
   이 원칙은 말더듬이를 고치는데도 도움이 된다.

65. 미지의 지방에서의 회화

혼자 여행을 하다가, 전혀 모르는 사람이 좌석에 마주 앉아 있어도, 서로 말을 하면 손해라고 하는 듯한 얼굴로 잠자코 있다.

아이를 동행한 젊은 어머니가 '아가야, 모르는 아저씨와 말을 해서는 안돼요.'라고, 마치 이쪽을 악인 취급하고, 아이도 지루한 듯이 창밖으로 시선을 주고 있다.

우리들은 아무래도 적극적으로 작용하는 노력을 게을리 하고 있는 것 같다. 해외 특파원으로서 유럽을 돌고 온 기자의 이야기이지만, 외국인의 인간 관계 형성 방법은 매우 좋다고 한다.

"그쪽 자리, 비어 있습니까?"

"이쪽에는 처음입니까. 그렇다면 지루하겠군요. 봐요, 저쪽에 보이는 높은 탑이 있죠. 그것이 유명한 ○○예요."

"담배 한 대 어떻습니까. 우리나라에서는 가장 고급 담배인데,"

"사과 어떻습니다. 이 지방의 사과는 정말 맛있어요."

라고 하는 것처럼 매우 자연스럽게 말을 걸고, 헤어질 때에는 한 번 꼭 집으로 놀러 오십시오, 라고 말할 정도의 친밀한 관계를 완성시켜 버린다고 한다.

일부러 그렇게까지 친해지지 않더라도, 지루한 긴 여행을 조금이라도 함께 달래자, 라고 하는 의욕을 솔직하게 보이면 되는 것이다. 미인이 옆자리에 앉았을 때만 묘하게 겉 꾸미려고 싱글싱글 말을 거는 것만이 능사가 아니다.

"어디까지 가십니까?"

"귀여운 아가씨군요. 몇 살이에요?"

"드디어 내리기 시작했어요. 천안에 도착할 무렵에는 본격적으로 쏟아질 지도 몰라요."

가벼운 회화를 주고 받으면 되고, 띄엄띄엄 말해도 전혀 지장없다. 혼자 여행을 즐기는 사람에게 탕탕 대포알과 같은 말을 걸어도 상대는 성가셔 한다.

바로 옆에 앉아 있기 때문에 책을 읽고 있는지, 경치에 넋을 잃고 있는지, 주위를 무시하고 사색에 빠져 있는지, 할 일이 없어서 어쩐지 지루한 듯이 잠자코 있는 것인지는 태도로 판단할 수 있을 것이다.

제3장

이것은 달콤한 사랑의 표현 11가지의 질문

프로포즈, 데이트, 맞선의 화제

66. 사랑 고백, 여러 가지

아무래도 좋아한다고 생각하는 상대에게는 일방적으로 자신은 이러이러한 기분이다, 하고 고백하지 않아도 스스로에게 통하는 경우가 있다. 사실은 그것이 바람직하지만, 사랑하는 사람들은 서로 자신은 상대를 좋아하지만 상대방은 자신의 일 따위 아무렇게도 생각하고 있지 않은 게 아닐까, 라고 불안해 한다. 그런 때에는 어떻게든 상대에게 통하게 하고 싶다고 하는 기분과 반대로, 자신의 기분을 숨기고 싶다고 하는 기분이 뒤범벅 되어서 번민하기도 한다.

상대에 대한 기분이 한계점인 막다른 곳까지 왔을 때에는 가령 그 결과에 불안이 있더라도 마음속 가득한 생각을 고백하지 않으면 자신의 속에서 정리가 되지 않는다.

사랑을 고백할 경우의 중요한 점은 가능한 한 딱딱해지지 않도록 하는 것이다.

영어로는 아이 러브 유, 프랑스어로는 쥬 뗌므, 독일어로는
이히 리베 디히 등, 각각 생활 속에 용해된 사랑의 말이 있지
만, 우리의 '나는 당신을 사랑합니다'의 경우는 쑥스러운 느낌
을 준다.

그래서 특별히 격식을 차린 말을 하기 위해 무리한 궁리를
하지 말고, 가능한 한 보통의 말로, 자신의 말로 자신의 기분을
전하기 바란다.

'좋아해'라고 한 마디만 해도 서로의 가슴 속 생각이 전해져
서 감격적인 장면이 되는 커플도 있을 것이고, 정치, 철학 등의
어려운 의논을 하는 것이, 사랑의 고백이 되고 있는 경우도 있을
것이다.

다음에 남성, 여성 모두 주의하지 않으면 안될 것은 좋아한
다고 하는 기분을 전하고 싶을 때에 '결혼해 주십시요'라고
해버리는 경우다.

기분의 고조, 애정만으로 젊은 나이에 결혼해서 함께 살 수
있는 상대인지 어떤지 좀체로 알 수 없다. 그것을 급히 서둘러서
약혼, 결혼으로 진행하면 제대로 되지 않는 경우도 많은 것이
다. 교제하고 있는 사이에 자신의 기분을 스스로 조금씩 확인해
가는, 또한 상대와의 유대를 깊게 해 가지 않으면 안될 것이
다. 그러므로 사랑의 고백과 결혼의 프로포즈와는 성격적으로
도, 또한 시기적으로도 일치하는 것이 아니다.

67. 고백의 말을 꺼내는 방법

"사랑한다고 하는 것은 두려운 기분이군요……."

"너무 두려워요. 마음이 떨려요……."

이런 실감을 수반하지 않는 사랑, 그것은 젊음에 넘쳐 싱싱하고, 순진하고, 그늘이 없는 건강하고 환희의 노래로 충만한 연애인 반면, 유치하고, 바닥이 얕고, 만일 얼마간의 불행과 마주치면 동요해 버릴 우려가 있는 애정이다.

그러나 참으로 진짜 애정이란 두려움을 내장하고 있는 것이다.

'사랑은 아낌없이 빼앗는 것이다'란 사랑의 본질을 말로 표현한 것이지만, 이것은 제3자의 라이벌로부터 사랑하는 사람을 빼앗는다──고 하는 것이 아니라, 사랑하는 사람 자신으로부터 그 사람을 빼앗는다고 하는 의미이다. 상대의 모든 것을, 생명까지 다 빼앗는다고 하는 격렬함은 성장한 사람의 애정에는 반드시 따라 오는 것이다. 교미 직후의 수컷을 달려 들어 물어서 자신의 영양 보충을 하는 암컷 사마귀의 두려움은 인간에게도 있는 것이다. 정신적으로도, 또한 생리적으로도…….

확실히 혼이 다 연소해서, 육체가 재가 되어야 비로소 연애가 완성되는 느낌을 우리들은 종종 경험한다. 그것은 몸 속이 잔뜩 죄인 생각의 긴장감으로, 공포와 비슷하다.

"사랑한다고 하는 것은 두려운 느낌이다."

그것을 들은 상대는, 거기에서 오는 암시로 한층 당신에 대한 애정이 절박해질 것이다.

"처음에는 농담할 셈이었어요. 거절하는 것이라면, 지금."

이 대사에는 두 개의 펀치가 있다. 처음에는 농담이었다고

하는 것이 하나. '이것은 내 고백이지만……'이라고 하는 고백체
의 말에는, '무슨 말을 하는 것인가!'라고 하는 강한 서스펜스가
있어서 듣고 있는 상대의 기분을 강하게 끌어 당긴다.

　더욱이 애정의 대상에 대해서 '사실 처음에는 농담이었다'
고 하는 말투는 상대의 마음에 저항감을 품게 한다. 그 '사람을
바보로 만들었다……'를 상쇄해서 한층 애정을 높일 자신이
없다면 효과있는 사용법은 되지 못한다. 하긴 상대는 당신의
애정이 이제 꼼짝 못하는 곳까지 고조되어 있음을 이미 간파하
고 있는 것일지도 모르지만.

　그리고 또한 누구의 경우라도 처음부터 진실한 연애는 적

고, 그 초기에는 서로 다소 장난끼 있는, 낚여 줄까?——라고
하는 가벼운 기분, 혹은 레크리에이션의 기분이 다분히 작용하고
있는 것이다. 그런 심리의 기미를 정곡으로 찔리면, '처음에는
농담'이라는 생각이 들고, 그 반면 의외의 의미인 '그러나 지금은
진짜 사랑입니다'라고 하는, 상대의 기분의 진지함에 감동해서,
동요하는 애정의 본성에 맞서는 마음의 의욕, 긴장을 자각하게
되는 것이다.

68. 이성의 마음을 붙드는 포인트

"그 때 당신은 이런 옷을 입고 있었다.——"
"그 때 당신은 이렇게 대답해 주었습니다.——"
"그 때 당신은 눈에 눈물을 보였어요.——"
 스스로는 잊어버리고 있었던 일, 무의식 중에 했던 일을 타인
에게서 지적받으면 깜짝 놀라서 말해 준 상대의 얼굴을 다시
보는 경우가 흔히 있다.
 "이 사람은 어째서 그런 사소한 일, 사소한 표정 하나 하나를
 기억해 두는 것일까?"
 아무도 눈치채지 못할 것이라고 생각하고 있었는데, 어딘가에
서 살짝 자신을 보고 있어 주는 것이다, 라고 하는 생각으로,
오히려 상대에 대한 관심이 강해진다.
 '이 사람은 이렇게 오랫 동안 쭉 마음 속 어딘가에 나를 두고
있었던 것이다.'라고 마음이 뭉클해지고 따뜻해지는 것이다.
 그 기간이 길면 길수록 이 사람의 마음 속에 기분이 가다듬어

져서, 좋은 술과 같이 성숙해 있는 것일지도 모른다——그런 생각이 마음에 바싹바싹 다가온다.

누구나 느닷없이 '당신을 사랑하고 있습니다'라고 해도, 진심으로 하는 말이 아니다. 상대가 자신을 사랑하기 위해서는 그만한 동기가 없으면 안되고, 그것이 없다면 '또, 또, 농담을 하고 있다'고 생각되어도 하는 수 없다.

그래서 '그 때 당신은 —— ' 하고 말하면, 그 동기 부여를 충분히 느끼고, '어째서 이렇게까지 내 일을 신경 써 주는 것일까' 하고 마음이 움직이는 것이다.

"그 때의 당신은 매우 아름다왔다."

라고까지 말하지 않더라도, 기억해 준다고 하는 것만으로, 그리고 지금까지 그것을 몰래 마음 속에 감추고 있어 주었다고 하는 것만으로 절실하게 그 성실함이 느껴지는 것이다.

여성은 항상 복장이나 화장에 신경을 쓰고 있다. 그래서 그런 점을 눈여겨 보는 남자의 델리케이트함에 마음이 움직여지는 것이다.

69. 또 하나 억지 쓰는 요령

"당신은 ×××와 닮았다."

인기있는 배우나 문학자와 비슷하다는 말을 듣고 기분 나빠할 사람은 없다. 그 사람들의 명성, 미모 등, 원망을 자극하고, 자존심을 만족시키기 때문이다.

그러나 항상 이런 식으로 칭찬을 하는 것이 능사는 아니다.

그 요령은——

"당신의 눈은 햅번을 닮았다."

햅번은 센스있는 복장, 청순한 연기 때문에 젊은 여성의 하나의 이상상이 되고 있는 큰 원인이지만, 그보다 더 한층, 저 둥글고 맑은 눈은 훌륭하다.

그래서 막연히 '햅번과 닮았다'가 아니라 '눈이 닮았다'라고, 단 하나로 닮은 점을 좁힌 점에 강렬한 공격 요령이 숨어 있는 것이다.

옛부터 미인일수록 설득에 약하다고 했다. 여지없이 남자의 설득에 넘어가기 때문에, 이제 적당한 설득에는 면역이 되어 있을 것이라고 흔히 주변에서는 생각하기 쉬운데 이것은 억측이다. 미인일수록 자신의 아름다운 점을 평소부터 다 알고 있기 때문에 항상 설득당할 마음의 준비가 되어 있다.——그래서 여전히 설득에 그 때마다 걸려버리게 된다. 누구나 자신이 인정도 하고 있지 않은 점을 칭찬받는다면 우쭐해지지 않는 것이 당연한 일이다. 따라서 본인도 납득하는 아름다운 점을 우선 발견할 필요가 있다. 그 한점으로 좁혀서 칭찬할 것. 이것이 칭찬해서 마음을 끌 경우의 요령이다.

한점으로 좁힌 그 점이 그 사람의 본질로 이어지는 본질적 미점(美点)이지 어떤지는 그 상대에 대한 애정이 진짜인지 어떤지에 달려 있을 것이다.

"당신은 내게는 너무 아름답다."

겸손의 미덕으로 상대의 마음을 끈다. 이것은 확실히 육체적 애착보다도 정신적인 동경에 으례 붙어 다니는 경향이 있다. 자신의 재능, 학문, 경험, 용모 등, 모든 점에서 사랑하는 사람에게 뒤떨어지고 있는 것 같이 느낀다——이것도 사랑의 표현 중 하나임에 틀림없다.

그것은 순진한 애정에는 반드시 수반되는, 사랑을 통해서 자신을 높이려고 하는 성실함이기도 하다.

처음 그 사람과 만난 놀라움, 환희, 한 번의 사랑의 아픔, 그리고 두 번, 세 번 만나서, 가령 키스를 나누는 사이가 되어도, 상대에 대해서도, 자신의 애정에 대해서도 이 겸허한 태도를 유지하는 것은 당신의 마음 자체의 고상하고 성실한 반성과 노력을 길러줘서 당신에 대한 애정도 보다 깊어질 것이다.

70. 심각한 이야기를 얼버무리는 화술

"나, 벌을 받아도 하는 수 없어요. 너무 너무 행복해요."

본래라면, 사람을 사랑하는 일이 벌을 받는 죄악일 리는 없다.

가령 그 사랑의 대상이 타인의 처나 남편이라고 해도 애정그 자체는 마음의 보석일지언정 죄악일 리는 없다. 그런데도불구하고 그것을 죄악으로써 받아들이는 것, 혹은 그런 식으로받아들인다고 하는 포즈가 심상치 않은 것이다. 그 논리의 갭이 강한 구애의 요소가 되어 듣는 사람의 귀를 기분좋게 간지르는 것이다.

'자신을 몹시 사랑하고 있기 때문에, 어떤 천벌을 받아도 좋다!'고 하는 것은 얼마나 아름다운 정서이며, 골똘히 생각한대사인가!

'당신이라면 매우 심술궂고, 완고하고, 능글맞고, 변덕스럽고……'

이런 욕이 액면 그대로 받아들여질 것 같은 상대나 조건하에서 말하는 것은 아닐 것이다. 그것은 애정의 호소이기는 커녕싸움을 거는 것에 불과하기 때문이다.

당신에 대해서 다소라도 심술궂고, 완고하고, 능글맞은 사람은 내심 자신이 심술궂고, 완고하고, 능글맞다는 사실을 스스로알고 있다——고까지는 하지 않더라도, 적어도 느끼고 있을것이다.

그러면 그런 말은 '나는 그런 당신이라도 좋습니다. 그런

당신임을 다 알고 있으면서 스스로도 어찌 할 도리가 없습니다.'라고 하는 완전 항복의 호소인 것이다.

그래서 자신이 심술궂고, 완고하고 능글맞다는 사실을 알면 알수록 당신의 순수한 감정이 가슴에 울려 퍼질 것이고, 서투른 아부를 듣는 것과 달리, 마음으로부터 저리는 듯한 쾌감이 상대에게 느껴질 것이다.

누구나 좋아진 채로 버려둔 감정은 별로 신용할 수 없다. 감정이 깊어짐에 따라서 왠지 모르게 조심스러워지는 것은 자연스런 마음의 움직임일 것이다. 그래서 선악의 판단, 좋고 싫음의 밸런스 시트가 어떻게 되었는지, 마이너스 측면이 많아도 결국

결산이 좋다고 나왔을 경우에는 상당한 신뢰도가 생길 것이다.

외부적인, 혹은 내부적 위기 때마다 무너지기 쉬운 애정을 보다 강고하게 지속시키는 것은 이와 같은 '완전 항복'의 심리, 또는 '플러스=마이너스'의 계산에서 오는 선택이며, 그것을 서로가 끊임없이 확인하는 것이 중요하다.

71. 사랑이 활기를 띠는 회화술

젊은 두 사람, 토요일의 즐거운 데이트. 다방에서 차를 마시면서 즐거운 회화가 활기를 띨텐데, 그러나 두 사람 모두 침묵을 지켜 버리는 경우가 종종 있다.

회화를 좀 더 즐겁게 할 수 있게 되기 위해서는 어떻게 하는 것이 좋을까.

누구나 그렇게 잇달아서 떠들 수는 없고, 둘이서 이야기하고 있는 사이에 화제가 나오는 것이다. 아무리 좋은 화제가 나와도 상대가 잘 받아 주지 않으면 곧 사라져 버리거나, 또는 과거의 일만을 얘기하려고 하면 곧 얘깃거리가 떨어져 버리지만, 영화, 음악, 책, 스포츠 등, 매일 사회에서의 사건, 남에게서 들은 이야기, 미래에 관한 얘기 등, 얼마든지 화제는 퍼져 있을 것이다. 예를 들면,

"요즘 읽은 책에 이런 부분이 있던데, 잘 모르겠습니다." 하고 상대에게 물어 본다. 알고 있는 것이라면 기꺼이 설명해 줄 것이다. 즐겁게 이야기가 활기를 띠고, 상대의 격려도 된다.

또한 가벼운 이야기를 즐길 때는 '이런 이야기는 시시하지 않을까'라고 생각하지 말고, 진짜 사소한 일이라도 얘기해 보는 것이다.

남성과 여성의 세계는 질적으로 달라서, 서로 미지의 부분을 알고 싶은 생각이 데이트를 즐겁게 만드는 한 방법이기도 한 것이다. 외면은 시시한 것 같은 태도를 취해도, 마음 속으로는 생글생글 즐거워하고 있는 것이다.

또한 남성이 당신에게,

"피곤하지?"

라고 하는 경우, 그것은 어딘가 무드있는 다방에서 차를 마시지 않겠어——라고 하는 표현을 하고 있는 것이다.

"아니요, 조금도 피곤하지 않아요."

라고 대답하지 말고,

"네, 어딘가에서 쉬고 싶어요."

라고 받아 준다.

언제까지나, '……입니다.' 이런 식은 어떨까. 친숙함이 없는 화법이다.

가능한 한 빠른 기회에 자연스럽게, '……입니다.'에서 '……예요.', '……이군요.'로 바꾸도록 하자. 그러면 상대도 '……입니다.'에서 '……이다', '……예요'로 바꾸어 즐겁게 회화가 활기를 띠게 될 것이다.

72. 싫은 상대를 피하는 방법

거절하는 것은 처음이 중요. 상대에게 분명히 안된다는 사실을 이해시켜서 나중까지 원한을 받는 일이 없도록 스마트한 회화술을 구사하지 않으면 안된다. 예를 들면, 다음과 같이―.

(1) 통근 전철에서 요즘 자주 얼굴을 마주치는 남자

전차에서 내려도 그대로 따라 온다.

"저, 갑작스럽지만 교제할 수 없을까요?"

상대와는 내일도, 모레도 얼굴을 마주치지 않으면 안된다. 애매하게 거절하면 다시 말을 걸어 올 것이다. 그런 뒷탈을 피하기 위해서, 떼어 버리는 느낌은 피하지 않으면 안된다. 예를

188

들면, 다음과 같이 말하도록 한다.

"당신의 일은 전부터 눈치채고 있었습니다. 모처럼의 호의입니다만, 그러나 저는 다음 달에 식을 올릴 피앙세가 있기 때문에 ……"

(2) 길을 걷고 있는데 말을 걸어 오는 남자

'오늘은 급한 일이 있어서……'하고 그 자리를 피할 셈이라도 끈질기게 따라온다.

"어떻습니까? 토요일에. 뭣하면 일요일이라도 좋지만."

이런 때는 임시방편적인 거절을 하지 말 것. 다음의 한 마디로 대부분의 남자는 물러선다.

"유감이지만 나는 선약이 많이 있습니다."

(3) 회사 내의 남성의 경우는

후일에 응어리가 남으면 풀기 어렵다. 밝고 분명하게 말한다.

"나는 사내의 남자와는 사랑을 하지 말자는 주의예요."

(4) 짝사랑 하는 남자

상대방은 한결같이 열을 올리고 있지만, 이쪽에서는 이 이상 진행시킬 마음이 없다. 지금 교제를 그만 둬 버리고 싶다. 외곬으로만 깊이 생각하는 상대를 거슬리지 않는, 성의있는 거절 방법은 말만으로는 안된다. 거절하기 위한 무대 장치를 완벽하게 만들지 않으면 안된다. 우선 이런 때는 그가 쇼크를 해소하

기 위해서, 토요일이나 일요일에 걸친 여유있는 시간을 택한
다.

장소는 밝고, 고상하고, 침착한 무드가 바람직하다. 이성을
잃으려고 하는 마음에 브레이크를 걸어 준다.

중요한 것은 거절하는 상대에 따라서 거절 방법을 바꿀 것.
그가 출세를 생활의 제1로 둔 엘리트라면,

"당신이 오직 일로 살아가는 유능하고 훌륭한 분이라고 하는
사실은 잘 알고 있습니다. 그러나 내게는, 가령 무능하더라도
낙천적인 사람 쪽이 어울리는 것 같습니다. 도저히 당신의
왕성한 에너지를 따라 갈 자신이 없습니다."

반대로, 만일 상대가 낙천적인 남성이라면,

"나는 오직 일에 정열을 불태우는 격렬한 인생을 사는 사람
과 만나고 싶습니다."

라고 말하면 될 것이다.

여기에서 주의해야 할 것은 상대의 육체적 조건, 예를 들면
키의 고저, 용모나 가난, 적은 수입 등, 상대의 컴플렉스를 자극
하는 사항은 말하지 않는 것이다.

마지막 결정적인 대사——

"존경하는 당신과는 언제까지나 좋은 친구로 있고 싶습니
다. 앞으로도 간단한 식사에 초대해 주십시요. 그럼 오늘은
이것으로 실례합니다."

사람과 만나기 전에, 이것 만은 꼭

* 생파, 마늘, 생선 등의 냄새가 강한 음식을 먹었을 때에는
구취를 제거할 것.
　· 껌을 씹는다.　　　　· 우유를 마신다.
　· 은단을 입에 넣는다.　· 양치질을 한다.
* 이빨에 찰싹 달라붙어 있는 음식물 찌꺼기나, 잇새에
끼여 있는 섬유는 보기 흉한 것.
　· 식후 반드시 이빨을 닦는다.
　그것을 할 수 없을 때에는 적어도 거울에 입을 비추어서
점검한다(특히 여성은 입술 연지에 세심한 주의를!)
* 낭랑한 목소리를 위해서 인후를 망치지 말 것.
　· 폭음 폭식을 삼가한다.　· 밤 늦게 자지 말 것
　· 감기 등의 병에 주의한다.

73. 모르는 여자에 대한 어프로치

가두에서 말을 걸 때 가장 흔히 사용되는 것이 '차 한 잔 마시지 않겠습니까?' 이것은 너무나 평범하고 유형적인 말이다. 이래서는 여성도 흥미를 일으키지 않는다. 좀 더 연구와 독창이 필요하다.

"느닷없이 말을 걸어서 미안합니다. 너무나 당신이 매력적이어서 그만……"

이런 식으로 말하고, 잠시 부끄러운 듯이 고개를 숙이는 것도 한 방법이고, 이 사람이라고 겨냥한 여성과 어깨를 나란히 하고 걸으면서 물끄러미 옆 얼굴을 바라보며,

"당신, 아름답군요. 이런 사람을 오늘 만날 수 있으리라고는 생각도 못했는데……"

상대가 기뻐할 것 같은 찬사를 선뜻 입밖에 내 본다.

어쨌든, '어디에 가요?' '이제 돌아가요?' '지금 몇 시?' '당신, 어딘가에서 만나 보고 싶다'와 같은 낡은 대사는 듣는 사람의 가슴에 울려 퍼지지 않는다. 따라서 어지간한 말이 없는 한 유혹에는 빠지지 않는 법. 가능한 한 남과는 다른 말을 거는 방법, 유혹 방법을 구사하는 것이 중요하다.

마지막으로 이런 방법은 어떨까?

스치듯이 지나가려고 하는 순간 상대의 눈을 물끄러미 보고,

"내 이름 알고 있어?"

"……"

"나, ×××, 차 한 잔 마시지 않겠어."

우선 상대를 긴장시키고, 다음에 '뭐야'하고 안심시킨 후, 안심한 순간을 놓치지 않고 차로 유혹한다고 하는 것이다.

74. 욕정을 돋구는 유머

'오늘 밤은 핏방울이 똑똑 떨어지는 3센티나 되는 비프스테이크를 먹자'──데이트의 전초전은 식사부터 시작된다.

'피' '똑똑 떨어진다'고 하는 말은 일종의 성적인 호소가 있다. 또한 정력, 충실을 연상시키는 비프스테이크의 시각적 요소에서 오는 상상력 덕분으로, 그녀에게 '오늘밤은 각오하십시요.'라고 하는 암시를 무의식 중에 주는 것도 된다.

'나, 변태가 아닌지 몰라.'

이 말이 연인과 두 사람 뿐인 자리에서 이야기되었다면, 상대가 받아들이는 쇼크는 커서 상당한 유혹 효과를 올릴 것이다. 자신의 '변태' 고백은 상대의 성적인 공상을 예리하게 자극하기 때문이다.

이 쯤의 '약간 정도의 변태'는 즐기는 사람끼리는 결코 싫은 일이 아니다. 오히려 '변태 놀이를 합시다'하고 유혹하는 애정 촉진제의 작용을 하는 것이다. '어떤 변태일까?'라고 하는 관심은, 그것을 말한 사람에 대한 연정을 자아낼 수 있다. 누구나 숨겨진 것일수록 알고 싶다고 하는 바램을 가지고 있기 때문.

"당신의 발바닥에 키스하고……"

이것도 같은 의미로 성적 정경을 암시하는, 강렬한 유혹의

말이다.

"당신에 관한 꿈만 꾼다."

"어젯밤은 당신을 생각하며 자위를 했다."

이것은 공상적으로 상대를 욕정의 대상으로 삼고 있다고 하는 고백이다.

'당신을 꿈에 보았다'고 하는 말만으로도 듣는 사람은 몸속이 근질거리고, 양손 양발은 꼼짝 않고, 상대가 하는 대로 당하고 있는 느낌이다.

또한 '밤에는 자위행위를 하고 있다.'고 하는 호소에는 마음이 상냥한 여성이라면, 그렇게 호소하는 연인에게 '중학생 같은 행동'은 시키고 싶지 않고, 일종의 내쳐진 것 같은 불만, 때로는 그 낭비에 대해서 아까움조차 느낄 것이다.

이런 당연히 사랑하는 사람에게는 숨겨야 할 고백을 함으로써 당사자 두 사람 사이에 비밀스런 분위기를 자아낼 수 있다.

"내 가슴에 작은 점이 있어요."

이와 같은 말을 들으면 남자는 눈부신 것을 보았을 때와 같은 쇼크를 느낀다. 상대 여성 앞에서 벌거벗겨진 것 같은, 친히 그 사람과 접촉한 것 같은 기분이 된다. 이쪽의 공상력이 지나치게 작용하기 때문에, 실제로 상대와 접촉하는 것보다도 정신적으로 더욱 흥분하는 것이다.

75. 맞선 자리에서 이것만은 꼭

맞선 자리에서의 화제는 처음 만난 두 사람이 서로를 알기 위한 관건이 되는 중대한 것이다. 화제가 발견되지 않으면 그만 실례된 질문을 하거나 재잘거리게 된다. 꼭 주의하도록 한다.

무엇을 이야기할까 ─ 남자의 경우

남성측의 화제로써는, 여성이 질문하지 않더라도 자신의 일이나 수입이나 결혼 생활에 대한 생각을 적극적으로 PR하는 것이다.

"소개자인 김민우 씨로부터 이미 들으셨으리라 생각하지만, 내 경제적인 사정에 대해 얘기해 두고 싶습니다. 나는 월급이 50만원으로, 실수령액은 48만6천원 정도입니다. 보너스는 연말 합쳐서 6번 나옵니다. 이 밖에 잔업 수당이라든가, 결혼하면 다소의 수당이 있고, 저금도 20만원 정도, 약간이지만……. 현재 집에 10만원 정도 식비 예정으로 들여오고 있습니다. 결혼하면 양복을 살 수 없다는 말을 들었기 때문에, 옷은 3, 4년은 충분할 만큼 가지고 있습니다. 돈도 없는데 골프를 좋아해서 월 2회는 아침 일찍부터 나갑니다. 그 대신 술은 마시지 않습니다. 당신은 무슨 운동을 좋아하십니까?"

이 정도로 자신의 형편을 얘기한다. 자신을 잘 보이기 위해서, 쌍방이 알고 있는 사람의 욕을 하거나, 동료를 나쁘게 말하는 것은 금물이다. 오히려 경멸당할 뿐이다. 또한 금방이라도 탄로날 것 같은 과장이나 허세도 우스운 것이다. 자기 선전은 자신을 올바로 알리기 위해 필요한 것이다. 거짓말은 안된다. 사실을 아무렇지도 않은 듯이 밝게 얘기하는 것이 요령이다.

상대 여성에 대한 질문도 중요하다. '당신, 밥 먹을 수 있어요?'라고 하는, 너무나도 현실적인 질문은 여성의 섬세한 신경에 거슬린다.

무엇을 이야기할까——여성의 경우

여성측도 좋은 의미에서의 자기 선전이 필요하다.

"일요일에는 집안의 세탁물을 혼자서 떠맡아 버립니다. 깨끗하게 빨았을 때는 기분이 그렇게 좋을 수가 없어요."

라고 말하면, 상대는 청결을 좋아하고, 일꾼으로 생각할 것이다.

그러나 빗나간 자기 선전은 역효과다.

  '나는 학교에서 쭉 일등이었다.'라든가, '교양 과목의 시험도
전부 일등이었다. 일등을 차지하지 않으면 기분이 나빠서, 그날
밤 잠을 잘 수 없다.'

  이런 식으로 너무 자신의 머리가 좋다는 것을 드러내면 이
야기를 듣고 기분 좋아할 남성은 없다.

  또한 '급료는 얼마입니까?'라고 여성쪽에서 질문하는 것도
실례다.

  맞선이라면, 소개자가 있기 때문에 경제적인 조건에 대해서
는 그 사람을 통해서 상세하게 알 수 있으므로 맞선 자리에서
직접 질문하지 않아도 되는 것이다.

우리 민족은 부끄럼을 잘 타는 탓일까, 맞선 자리에서 격식을
차리면 자칫 쓸데없는 말을 엉겹결에 하게 된다. 상대의 기분에
거슬리지 않도록 냉정하게 계산하고, 스무드하게, 자연스럽게
얘기하도록 한다.

76. 상대를 상처입히지 않는 맞선 거절 방법

맞선 후 상대를 거절할 때는 경우에 따라서 표현도 여러
가지 있지만, 매우 일반적으로,
  "친구로서는 정말 즐겁게 교제하겠지만, 결혼까지는 아무래도
  기분이 내키지 않기 때문에, 아무쪼록 지금까지와 같이 친구
  로서 교제하도록 해 주십시오."
  혹은,
  "김상문 씨(소개자)의 뜻밖의 이야기로 생각해 보았지만,
  아무래도 내게는 어울리지 않는 연분인 것 같기 때문에 사양
  하고 싶습니다."
하고, 상대에 대한 평가가 아니라, 이쪽의 기분에 중점을
두고 지장 없게 거절한다.
  심장이 강한, 끈덕진 사람이 계속해서 집요하게 '다시 생각해
주십시오.' 하고 반복하면,
  "당신과 결혼하는 일, 나는 도저히 생각할 수 없습니다. 절대
  로. 단념해 주십시오."
라고 말하고 싶다 해도 삼가한다. 대개 남의 기분을 헤아리지
못하는 것 같은, 시먹은 형편없는 사람은 남을 원망하는 일에

관해서도 남과 다르기 때문에 원망을 사면 여운이 가시지 않는다. 같은 의미의 말이라도 부드럽고 정중하게 하는 편이 좋을 것이다.

"나와 같은 사람에게 성실히 대해 주셔서 감사합니다. 하지만 당신과 결혼해도 두 사람이 행복해질 수 있다고 하는 자신이 전연 없기 때문에, 결혼에 대한 일은 단념해 주시지 않겠습니까?"

또한 그 밖에, 직접 맞선 상대에게 거절하는 것보다 무리가 없도록 사이에 한 단계를 두고 맞선 소개자에게 분명히, 그러나 정중하게 거절의 의지를 전하는 방법도 좋을 것이다.

소개자에게 거절하기 위해서는

소개받은 사람은 조건적으로는 부족하지 않지만 타입이 어울리지 않는다고 하는 표현을 하면 소개자의 기분을 다치지 않고 거절할 수 있다.

"매우 좋은 분으로, 제게는 과분한 것 같은 연분입니다. 하지만 제가 희망하고 있는 타입과 조금 다르기 때문에 매우 폐를 끼쳤지만 거절의 말씀을 드리고 싶습니다. 부디 이 일에 화내지 마시고, 잘 부탁드립니다."

좋지 않은 말투의 예로써,

"괜찮은 연분이라고는 생각했지만 저분은 사립대 출신이에요. 저의 집에서는 아버지도 오빠도 국립대학을 나오셨기 때문에 그 점이 아무래도 어딘가 부족한 것 같아서……."

라고 하는 것 같은 말투는 소개자에 대한 실례다.

소개자가 추천한 사람을 조건에 관해서 이러쿵 저러쿵하며 거절하면, 그 사람은 성가시기 때문에, 라고 그 후 소개를 해 주지 않게 된다. 같은 말이라도 솜씨있게 거절하면 계속해서 소개해 줄 것이다.

몇 번인가 데이트한 후에 그 혼담을 거절할 때(중개인에 대해서)

"매우 좋은 분이기 때문에 몇 번인가 만났습니다만 점점 자신이 없어졌습니다. 인품을 알게 됨에 따라서 제게는 어울리지 않는 분과 같이 생각되기 때문에 이 이상 교제해서는 오히려 폐를 끼치게 되겠기에 너무 제멋대로이지만 거절

하고 싶습니다. 상대방에게는, 이따금 대접받거나 매우 폐를
끼쳤기 때문에, 부디 잘 인사 말씀 드려 주십시요.”
　이 때에는 사례품을 가지고 직접 만나서 정식으로 인사하지
않으면 안된다. 또한 상대 사람에게도 소개자에게 뭔가 선물을
첨부해서 ‘신세 많이 졌습니다.’ 하고, 인사를 부탁하기 바란다.

제4장

이것만은 필요,
이야기의 지혜
14가지의 질문

결혼 축사……스피치 방법

77. 피로연을 돋구는 스피치

짧고 요령있게, 더구나 그 속에 진심으로 두 사람의 결혼을 축복하는 마음을 담는다. 일단 순서로서,

① 축사 '진심으로 축하합니다.' 등

② 신랑, 신부와 자신과의 관계(친구라든가 친척이라든가)를 서술한다.

③ 추억담, 학교 시절의 일화, 약혼 시절의 고백담 등을 피로한다(적당히 유머를 섞어서).

④ 희망, 격려사로 끝맺는다.

더욱이 미리 메모를 해 두면 지명받고 일어섰을 때에 편리하다.

선배가 후배에게

"○○○ 군, ××× 양, 축하합니다. ○○○ 군이 좋아하는

버나드 쇼우의 말 중에, '가능한 한 빨리 결혼하는 것은 여자의 비지니스이고, 가능한 한 결혼하지 않고 있는 것은 남자의 비지니스다'라고 하는 명언이 있습니다. ○○○ 군은 평소부터 이 문구를 애창하며 3년이 지나기까지는 절대 결혼하지 않겠다고 다짐하고 있었는데 빨리도 ××× 양에게 붙잡혀 버렸습니다──남자의 비지니스에 실패한 것입니다. 그러나 ○○○ 군, ××× 양이라면 저도 이 비지니스에 실패하고 싶을 정도입니다. '실패는 성공의 어머니' ○○○ 군, 앞으로 진짜 비지니스에 매우 분발해 주십시요. 오늘은 정말로 축하합니다."

동료 · 친구에게
"…… ○○○ 군은 천성적인 게으름뱅이로 학생 시절 그의 하숙에 가면 으례 먼지가 3센티는 쌓여 있었습니다. 그 속에 의젓하게 누워서 '먼지 높은 남자'라고 뻐기고 있었던 것입니다. 그것이 반년 전부터 몹시 깨끗해져서, 이상하군, 하고 생각하고 있었는데, ××× 양이라고 하는 멋진 여성이 있었던 것입니다. ××× 양, ○○○ 군을 잘 부탁합니다. 명예의 먼지 높은 남자로서 대해 주십시요."

78. 가족에 대한 축사

결혼 피로연에서 신랑 신부의 양친, 가족에게 기쁨을 어떤 축사로 서술해야 할까. 젊은 사람의 경우, 명랑하게, 꾸밈없이,

시원스럽게 기쁨의 말을 서술한다.

　이 경우에 어울리는 말의 내용은, (1) 그 연분이 좋은 연분이라는 것. (2) 두 사람이 행복한 듯이 보인다는 것. (3) 특히 신부의 양친에게는 색시가 아름답다는 것, 그리고 (4) 자신을 초대해 주셔서 감사하다는 것도 반드시 첨가한다.

신부의 어머님에게

"초대해 주셔서 매우 감사합니다. 오늘은 정말로 축하드립니다. 따님도 훌륭한 분으로 어울리는 커플입니다. 성대한 식으로 기쁨도 한결 더하겠지요. ×××양, 아름다와서 넋을 잃어버렸어요."

　신부의 아름다움을 칭찬하는 말에 어머니의 지금까지의 노고(딸을 지금까지 키운 것, 결혼에 즈음한 어머니의 배려)를 위로하는 뜻의 말을 첨가한다.

신부의 아버님에게

"이번에는 정말로 축하드립니다. 전도양양한 따님으로 안심하시겠죠. 그렇지만 조금 적적하시지 않습니까?"

　어느 사이엔가 어른이 되어 곁을 떠나 가는 딸을 걱정하며 보내는 아버지의 쓸쓸함을 위로하며, 유머를 섞어서 밝게 얘기한다.

신랑의 어머님에게

"○○○ 군, 오늘은 스스로 자라게 된 것 같은 얼굴을 하고,

최고로 행복한 것 같군요. 축하드립니다.”

어머니라고 하는 것은 언제까지나 아이 취급하고 싶어하는 법. 그 아이가 어른의 모습으로 아내를 맞아, 자신에 대한 사랑을 모두 아내 쪽에 빼앗긴 것 같이 느끼기 마련이다. 위로의 기분을 담으면 좋을 것이다.

신랑의 아버님에게

“오늘 초대에 감사드립니다. 사랑스러운 며느리, 저도 빨리 ○○○을 닮았으면 좋겠다고 생각하고 있습니다.”

신랑의 아버님은 자식이 성인 남자가 된 기쁨과 함께, 인생의 후반에 접어든 자신의 나이를 고의로 드러내 보였다는 생각에 감개무량해져 있는 것이다. 그와 같은 기분도 추찰해서 그 자리의 분위기를 돋구도록 유의한다.

신부의 여동생에게

"언니, 축하드립니다. 매우 아름다운 신부! 좋은 형부가 생겨서 당신이 부럽습니다."

언니가 시집 가는 쓸쓸함을 새로운 형부가 생긴 기쁨으로 대신하고, 격려해 준다.

79. 양가 대표의 인사

피로연이 끝나기 전에 신랑 신부의 양친 네 명이 좌석에서 나란히 일어선다. 그리고 보통은 신랑의 부친이 네 명 대표로서 초대된 손님에게 인사를 한다.

"○○○, ××× 양가의 사람을 대표해서 한 마디 인사 말씀 드리겠습니다. 중매인을 비롯한 손님 여러분, 오늘 바쁘시고, 먼 길인데도 이렇게 와 주셔서 정말 감사하게 생각합니다. 덕분에 이와 같이 성대하게 즐거운 피로연을 가질 수 있어서 깊이 인사 말씀 드립니다. 한편 여러 가지 준비가 제대로 되어 있지 않아서 매우 실례 말씀 드립니다. 부디 용서해 주시기를 청합니다. 덕분에 젊은 두 사람은 오늘부터 인생의 새로운 문을 나서게 되었습니다. 앞으로도 변함없이 지도 편달해 주시기를 부탁 말씀 드립니다. 그럼 감사합니다."

이 정도로 간단한 것이 좋을 것이다. 인사는 대표가 할 때에 다른 세 사람도 함께 한다.

80. 결혼 축하 선물을 가지고 갈 때

축하선물을 가지고 가는데, 저녁 무렵에는 상대방에게 실례가 된다고 하는 생각이 옛부터 있어 하루 중의 오후 3시 무렵까지 도착하는 것이 좋다고 생각되고 있었다.

그러나 오늘날에는 반드시 이와 같은 습관을 따를 필요는 없다. 낮 근무가 있는 사람은 미리 상대방에게 양해를 구하고 밤에 찾아가도 된다. 축하 선물은 가능한 한 스스로 가지고 가서 상대방 사람을 만나 축하하는 말을 함께 한다.

"이번에는, ×××양 축하합니다. 모두들 기뻐하셨겠지요. 우리들도 결혼했다는 얘기를 듣고 무척 기뻤습니다. 이것은 약소한 축하의 표시입니다."

라고 하는 것이 매우 일반적인 인사다.

그러나 친구나 동료 등의 경우에는 너무 예의바른 인사 보다도,

"○○○ 씨 축하해! 이것은 축하의 선물이예요."

라고 하며 내민다. 이 정도의 말이라도 마음이 담겨 있고, 진심에서 기뻐하는 것 같은 표정이면 충분하다.

직접 축하의 선물을 가지고 갈 때는 편지나 전화와는 달리 당신의 얼굴 표정으로 상대의 마음이 크게 좌우되기 때문에 말로 표현할 수 없는 것을 보충하는 편이 좋을 것이다.

또한 형편상 도저히 갈 수 없을 때나, 스스로 가지고 갈 수 없는 것 같은 큰 것, 그와 같은 때는 가게에서 배달시킨다.

이와 같은 때는 그것이 누구로부터의 선물인지 잘못되지 않도록 물건이 배달되어 간다고 하는 통지와 기쁨의 인사를 겸해서 편지를 보낸다.

81. 청중을 감동시키는 연설 방법

청중의 관심을 한 점으로 끌어 당겨서, 솜씨 좋은 연설을 하기 위한 중요한 조건을 들어 보겠다.

우선 침착한 태도, 이야기에 능숙한 연설자는 단상으로 발길을 옮겨 연단에 서서 일례했을 때의 침착한 태도나 풍채만으로 자신에 넘친 솜씨 좋은 연설자라는 사실을 청중에게 깨닫게 해서 안도감을 주는 것이다.

'간격'을 취하는 방법

다음에 이야기를 시작하기 전에 5초에서 7초, 심호흡 2번 정도의 '간격'을 둔다. 이 5초나 7초의 순간적 침묵 사이에 회장의 청중수나 분위기를 읽어 버리면 연설자에게 침착함과 마음의 여유가 생긴다. 즉, 이 마음의 여유가 있으면 다음 순간에 이야기를 스무드하게 진행할 수 있고, 경험이 얕은 연설자에게 있어서는 이 5초나 7초의 '간격'은 연설하는데 대한 공포심을 극복하는 순간이기도 하다.

'간격'은 연설 도중에도 필요하다. 자신의 주장을 잇달아 강한 어조로 명심하고 토론을 진행한다. 그 다음에 이 '간격'을 두지 않으면 안된다. 이 '간격'은 연설자의 한결같은 어조의 태도를 전환할 기회를 줄 뿐만 아니라, 연설에 대한 청중의 반향이 어떠한지를 관찰하는 기회이기도 하다.

이와 같은 '간격'은 일종의 느낌이며, 호흡이라고도 말할 수 있다. '간격'을 둠에 있어서 청중에게 이야기가 도중에서 끊겼다고 생각하게 하면 실패다. '간격'은 얘기하지 않는 공백의 부분으로써 그 이야기의 맛을 깊게 하고 폭을 넓게 하며, 깊이를 생각하게 하는 것이 아니면 안된다.

친근감을 갖게 한다

연설을 스무드하게 진행해서 청중에게 친근하게 융합되어 가기 위한 중요한 요령, 그것은 당신이 수 명의 친구와 잡담하고 있을 때와 같이, 우선 한 명의 사람을 붙들고 친구와 이야기 할 때의 친숙한 눈으로 그 사람을 보면서 잠시 동안 친하게 계속 이야기하는 것이다. 그리고 다음에 같은 태도로 다른 사람에게 시선을 옮겨 간다. 연설자의 이와 같은 솔직하고 진지한, 그리고 숨김없이 다 털어 놓는 태도는 청중에게 있어서도 처음부터 안심하고 친해질 수 있는 기분을 자아내게 하는 것이다. 이렇게 되면 당신은 청중의 냉정한 눈이라고 하는 제1관문을 패스했다고 말할 수 있다.

이야기의 변화

이야기를 하는 경우 청중이 어떤 반응을 보이는지를 알아채는 것, 그리고 그 반응에 따라서 이야기의 표현도, 자신의 이야기 방법도 조절하고 변화시키지 않으면 안된다. 그러기 위해서는 무엇보다도 자신이 말하려고 하는 이야기의 내용의 줄거리를 잘 세워서 암기해 두는 것이다. 말의 앞뒤를 맞추는 게 고작이라면 이야기의 실패는 물론 청중의 반응을 알아챌 마음의 여유도 생기지 않을 것이다. 이야기의 줄거리를 외워 두면 그 자리에서 청중의 반응에 따라, 혹은 인테리 대상, 혹은 부인 대상이라고 하는 것처럼 화법을 바꿀 수 있고, 또한 어조를 마음대로 높이거나 낮추거나 할 수도 있다. 이와 같이 재빨리 청중의 반응을 알아채서 당신 앞의 청중이 흥미를 일으키도록 항상 생각하면

서 이야기를 진행해 간다고 하는, 이 마음가짐과 여유있는 이야
기 진행이 많은 청중을 이야기 속으로 융합시키는 가장 큰 요소
라고 말할 수 있을 것이다.

82. 연설을 돕는 효과적 동작

단상에서 많은 사람을 내려다 보는 위치에 서서 이야기하는
사람의 자세는 매우 눈에 띄기 때문에 좋지 않은 자세가 이야기
의 효과를 반감하는 경우도 흔히 있다.

청중에게 충분한 안도감과 신뢰감을 품게 하는 것은 딱딱하지 않게, 그리고 당당하게 자신을 가지고 똑바로 선 자세다. 그러나 이렇게 되기 위해서는 역시 상당한 훈련과 습관이 필요하다. 다음에 항상 마음에 담아두기 바라는 주의점을 들어 보겠다.

자연스럽고 편안한 자세

몸을 앞으로 구부리지 말 것. 딱딱하지 않고 편안한 자세로 자연스럽게 선다. 그리고 몸의 중심을 발톱 끝에 놓는다. 이렇게 하면 긴장한 몸이 풀리고, 더구나 적당히 긴장한 진면목이 나타난다.

테이블에 기대서 숨지 말 것

연단 위에 서서 이야기를 하는 경우에는 테이블에 기대지 않도록, 테이블과 조금 떨어져서 비스듬히 마주 보는 것 같은 위치를 잡으면 좋을 것이다.

자연스런 태도

긴장된 딱딱한 자세, 양다리를 벌리고 힘껏 버틴 모습 등은 청중에게 옹색한 느낌을 준다. 자연스런 포즈를 취하기 위해서는 주머니에 손을 넣는다든지, 가볍게 손을 허리로 가져오는 것이 좋을 것이다. 그리고 신체의 체중은 발 뒤꿈치에 놓는 것보다 다리 관절 주변에 놓는 편이 아름다운 자세가 된다. 신체를 상하로 흔들거나 무릎을 떠는 등은 금물이다.

단상에서의 동작

본래 청중의 눈이라고 하는 것은 본능적으로 단상에서 움직이는 사람의 뒤를 쫓아 이동하고, 그곳으로 모이기 마련이다. 따라서 연설자의 일거일동을 적당히 이용하면 예상 외의 효과를 올리지만, 부자연스러운 경우는 그 역효과도 또한 크기 때문에, 연구가 필요한 것이다.

① 앞으로 한 걸음 내딛는다

청중에게 적당히 들리고 싶지 않은 경우, 혹은 잘못 들리고 싶지 않은 것 같은 중요한 점에 이르렀다는 의사표시다. 청중은 그저 이 정도의 동작으로 연설자의 긴박한 기분을 직감적으로 헤아린다.

② 뒤로 한 걸음 물러난다

──다음에는 중요한 이야기를 할 테니까 긴장을 풀어 주십시요──라고 하는 암시로, 청중에게 기분의 정리를 주고, 동시에 뭔가 중요한 말이 시작된다고 하는 의미를 뒤로 한 걸음 물러난다고 하는 동작으로 보인 것이다.

그런데 연설하는 사람의 동작은 이상 서술한 연단 위에서 뿐만 아니라 연단으로 올라가는 도중이나 연설을 끝내고 연단에서 물러나는 도중도 매우 중요하다. 주뼛주뼛 발끝으로 걷는다거나, 몹시 오만한 걸음걸이, 침착하지 못한 신경질적인 걸음걸이 등은 청중에게 좋지 않은 인상을 준다.

냉정하게, 그리고 활발하게, 적당히 엄숙하고 무게있게 연단에 올라 편안한 자세로 대충 청중을 훑어보는 정도의 여유를 두고 천천히 이야기를 시작하도록 유의하기 바란다.

83. 모든 식사의 기본적인 주의 사항

결혼·신축 축하·환영회 등의 경사, 조사·송별회 등의 슬픈 일, 회사·회사 창립 기념식·표창식·동창회·모친회 등의 모임, 식사에서 말할 기회가 우리들의 일상에도 상당히 많은 것 같다. 그래서 여기에 대한 대강의 주의 사항을 알아두는 것이 필요해졌다.

표준 식사의 구성은 대개 다음과 같다.

1. 시후(時候)의 인사

참석자 혹은 주최자에 대한 감사의 말

2. 회합의 취지를 둘러싼 감상

즉, 그 식(式)에 출석하고 있는 사람들의 가슴에 공통된 감정을 불러 일으켜서 회합의 테마를 과거, 현재, 미래에 걸쳐서 정리하고, 그것을 자신다운 말로, 자신도 진심으로 기뻐하고, 아니면 슬퍼하는 마음을 표현한다. 여기에서 어려운 것은 출석자는 모두 그 회합의 취지를 다 알고 출석했기 때문에 취지만 설명하고 어물어물 적당히 넘길 수는 없는 일이다. 그래서 그 회합에 대한 '자신의 입장' '자신의 감정' '자신의 재료'로써 얼마나 효과적으로 그 자리의 공통 감정에 호소하는 것을 완성시키느냐가 식사(式辭)의 훌륭함, 서투름을 좌우하는 키 포인트가 된다.

특히 한 사람의 식사(式辭) 시간은 5분 이내로 그치는 것이 바람직하기 때문에, 이 부분에는 겨우 3분밖에 할애되지 않는다. 그러므로 쓸데없는 말을 하거나, 잘못한 얘기 등을 바로잡고 있을 여유는 없다. 짧은 시간을 유효하게, 더구나 인상 깊게 서술하기 위해서는 사용하는 재료, 표현 등에 세심한 배려를 하지 않으면 안된다.

3. 결말

장래에 대한 기원, 바램, 희망, 격려, 결심 등.

식사(式辭)를 만드는데 있어서 특히 주의할 점은 식사(式辭)는 준비한 원고를 낭독하는 경우가 많지만, 그 성질상 원래

눈으로 보는 문장이 아니라, 들려주기 위한 문장이 아니면 안된
다. 그러기 위해서는 '다정하고, 의미가 분명한 말', '듣기에 아름
답고, 기분좋게 여운이 남는 표현'으로 전체가 일관되어 있지
않으면 안된다. 의식적으로 서술되는 문장이기 때문에 전체적으
로 엄숙하고 무게있게 고친, 예의바른 말이 많이 이용되는 것은
당연하지만, 그 면에만 치우쳐서 귀로 듣기만 해서는 모르는
말이나, 혹은 딱딱한 경우에는 듣고 있는 사람에 대한 배려가
부족한 식사(式辭)가 될 우려가 있다.

집회에서의 사회자의 주의 사항(3)

── 의견 대립, 혼란을 바로 잡기 위해서 ──

1. 대립하는 의견의 각각의 요점을 한데 정리할 것.
2. 대립에 구애받지 말고 다른 의견도 구할 것.
3. 의논의 공기가 험악해지지 않도록 사회자는 그 대립에
말려드는 일 없이 여유있는 태도로 진행을 맡을 것(미소나
도가 지나치지 않을 정도의 유머를 사용하면 좋다).
4. 격렬한 반대를 받고 고립된 듯한 사람이 나왔을 경우,
사회자는 그 의견 속에서 문제 삼을 만한 점을 제기하는
등의 배려가 필요할 것이다.

집회에서의 사회자의 주의사항 (4)
— 두절된 발언을 부활시키기 위해서 —

1. 모두의 피로에 의한 해이함인지 어떤지를 정확하게 찰지 할 것. 이 경우에는 휴식을 취하든가, 유머를 섞어서 기분을 푼다든가, 의제를 바꿔서 기분전환을 꾀하든가 한다.
2. 논점을 정리할 것
모두가 혼란해서 무엇을 얘기하고 있는지 모르는 경우, 어떠한 것을 문제로 삼고, 이야기가 어떻게 진행되며, 지금은 무엇을 문제로 삼고 있는지를 분명하게 해둔다.
3. 지금의 문제에 흥미를 잃고 전체가 이야기하는데 지겨워져 있을 경우 화제의 전환을 꾀할 것. 혹은 관점을 바꾼 질문을 할 것.
4. 사회자 자신이 자신의 태도나 진행 방법을 반성해 볼 것. 사회자에 대한 반감이나 꺼림이 작용하는 경우도 적지 않기 때문에——.
5. 중대한 의견의 후유증 때문에 제각기 깊이 생각에 잠겨 침묵을 지켜 버리는 경우도 있다. 이 경우는 초조하게 발언을 요구할 필요는 없다.
6. 격렬한 의견 대립의 다음은 서먹서먹한 공기가 흐르기 쉽다. 주변으로 피하는 일 없이 쌍방의 의견 속에서 모두가 주목해야 할 점을 들어서, 다음 의견의 실마리로 삼아 그 서먹한 공기를 깨뜨린다.

병문안 · 법사(法事) · 고별식의 화술

84. 병문안의 센스

병문안은 병의 성질이나 증상, 또는 환자의 기분 등을 고려해서, 의리나 체재를 만들어 꾸미려고 하는 것 같은 문안은 그만두고, 마음이 따뜻해지는 것 같은 것으로 한다.

환자에 대한 배려

병문안 때 몸치장을 하거나 화려한 복장으로 가는 것은 자신의 건강을 과시하러 가는 것 같은 것이기 때문에 조심해야 한다.

누구나 병의 상황에 대해 알고 싶어하겠지만, 꼬치꼬치 캐묻는 것은 정도껏 해야 한다. 환자 쪽에서는 몇 사람의 병문안 손님에게 이야기했을 것이고, 즐거운 화제는 아니기 때문에……. 상대의 마음이 온화해지고, 또한 격려받을 수 있을 것같은 밝고 가벼운 화제를 선택하도록 한다.

220

어디까지나 환자에 대해서 생각하고, 세심한 신경을 잊지 않도록 한다. 예를 들면,

"자네, 간장이 나쁘다더군."

"꽤 열이 있다고 하더군요."

등, 가령 환자의 병명이나 진실한 용태를 알고 있더라도 말하는 것은 금물이다.

환자에게는 실제로 간장이 나쁘더라도 감기에서 오는 가벼운 황달이다, 라고 주위 사람은 설명하고 있을지도 모르고, 또한 열 등도 신경질적이 되지 않도록 환자에게 사실을 말하지 않는 경우도 있다.

또한 환자를 위로하거나 격려할 셈으로,

"매우 건강한 것 같지 않습니까?"

"좋은 안색이군요."

등, 누구나 거짓말임을 알 수 있는 아부 등, 말하지 않는 편이 좋을 것이다. 환자가 불필요하게 마음을 쓰는 원인을 만들거나 해서는 곤란하다.

'어떻습니까. 부디 안정을 취하게'라고 하는 것이 안전하다.

병문안 시간

대부분의 병원은 환자의 용태에 맞는 면회시간이 있기 때문에 미리 전화로 물어보고 그 시간에 따른다.

자택이라면 오전 11시 무렵이나 오후 3시 지나서~4시까지가 적당할 것이다.

병문안에 대해서

병의 증상을 잘 조사한 후에 그 병에 적합한, 어디까지나 무해한 것, 정성이 깃든 것으로 한다. 꽃은 보기에 아름답고 간단한 것으로써 흔히 각광을 받지만, 병에 걸리면 신경이 예민해져서 좋아하는 꽃도 싫어지는 경우가 있다. 이와 같은 일을 생각해서 선물하도록 한다.

꽃 색깔은 엷고 고운 색(흰색, 핑크, 크림색 등)을 선택한다. 흰 색으로만 된 꽃은 금지되고 있다. 냄새도 수수한 것, 치자나무와 같은 강한 것은 절대로 피하고, 동백나무와 같이 목이 떨어지는 꽃도 안된다.

과일, 음식물은 병상에 절대 지장이 없는 신선한 것을 선택해서 가지고 간다.

책을 선물하는 경우, 누워서 가볍게 손에 쥘 수 있는 것, 특히 보고 즐거운 색채판의 영화, 사진집 등이 중요한 것이다.

기타

병상에 누워 있는 사람이 가장 필요로 하고 있는 신변품(잠옷, 타올, 비누, 달걀 등)도 각광받는다.

만일 환자가 경제적으로 매우 곤란한 분이라면, 구태의연한 사고방식에 사로잡히지 말고 현금을 보내는 것도 좋을 것이다.

당신의 상냥한 배려는 환자에게 있어서 무엇보다 큰 선물이 된다.

85. 상처입기 쉬운 교통사고 병문안

최근의 교통 사정의 악화 때문에 가까운 사람 중에서 사고를 당하는 분이 적지 않다. 그와 같은 경우 매우 친한 사이라면 곧 병문안 하러 가는 것도 괜찮겠지만, 별로 친하지도 않은 사이였다면 경황 중에는 피해야 할 것이다. 상대방이 우왕좌왕하고 있는 곳에 일부러 우르르 몰려가서, '어떻게 됐어?' 하고 사고 상황을 꼬치꼬치 캐묻는 일 등은 절대 하지 않도록.

또한 당사자의 과실로 사고를 일으켜 버렸을 경우에는 나가지 않았으면 좋았을 것을'이라든가, '주의하라고 그렇게 말해 두었는데' 라고 비판하거나 하는 말을 조심성 없이 내뱉는 것

은 무례하기 짝이 없다. 당사자는 뼈에 사무치도록 반성하고, 후회하고 있음에 틀림없기 때문에, '이번에는 엉뚱한 일이었어요. 그렇지만 이것도 하나의 교훈으로 받아들이고 생활하면 헛되지 않을 거예요. 어쨌든 빨리 몸을 치료해요.' 하고 격려해 주기 바란다.

86. 법사(法事)의 자리에서의 화제

죽은 사람의 35일, 49일이라고 하는 것 같은 명일, 혹은 1주기, 3주기 등의 재에 초대받았을 때, 처음 인사는, 보통의 사교 인사와 마찬가지로, '오랜만입니다.' '빈약하지만, 여전하십니까' 등이라고 하고, 그 다음에, '오늘은 연락(혹은 초대)을 주셔서 감사합니다.' 그리고, '바로 엊그제께 돌아가신 것 같은 느낌이 드는데 벌써 이렇게 세월이 흘러가 버렸군요. 슬픈 일이라고 생각합니다.' '아직까지 돌아가신 것이 믿기지 않습니다. 가족 모두 필시 슬퍼하겠죠!' 라고 말을 계속한다.

재에 초대받은 손님끼리도 보통의 인사를 서로 나누든가, 잠자코 머리를 숙이는 것이 보통으로, 특별히 뭔가 말하지 않으면 안된다고 하는 것은 없다.

그렇지만 회화를 시작하면 역시 고인에 관한 얘기부터 시작해야 할 것이다.

"×××씨가 좋아했기 때문에, 국화꽃을 볼 때마다 생각납니다."

"○○○군의 일을 확실히 했던 이유를 지금에 와서야 알겠습니다."

라고 한 다음 화제를 일상 대화로 옮기는 것은 지장없지만, 그 자리에 전혀 관계없이 웃겨서 소리를 내어 웃는 것 같은 얘기는 피하는 것이 상식이다.

손님이 시끌법적하게 지내 주는 편을 고인이 기뻐한다고 하는 생각도 많고, 실제로 재라고 해서 특별히 음울해 할 필요는 없지만, 유족의 마음속에 있는 깊은 슬픔을 잊어서는 안된다.

그러나 고인에 관한 에피소드로 즐거웠던 일, 우스웠던 일 등을 서로 얘기하고, 또한 서로 웃는 일은 앞에도 서술했듯이, 조금도 지장없고, 재의 자리에서는 역시 고인의 이야기가 가장 좋은 화제라고 말할 수 있을 것이다.

87. 문상에서 곤란하지 않기 위해서

육친의 죽음에 직면해서 상대방은 매우 슬픈 기분으로 있을 때이므로, 이쪽에서 여러 가지 배려해서 사기 북돋우려고 하면 할수록 더욱 슬픈 기분이 되어 버린다.

자신의 기분을 솔직하게 말하는 것이 가장 좋을 것이다.

문상의 표현

예를 들어, 노인이 돌아가신 경우라면,

"할머님의 불행, 진심으로 문상 말씀 드립니다."

라고 정중하게 인사를 한다. 이 '할머님'이라는 한 마디에 친숙한 감정이 담긴다.

'아무쪼록, 이번에는'라고, 나머지는 입속으로 꾸물꾸물거리고 있는 것은 안된다.

또한 형식뿐인 문상도 상대방의 기분을 헤아리지 않은 표현이다. 어디까지나 상대방의 기분을 헤아려 줘서,

"뜻밖의 일로 정말 놀랐습니다. 이해의 말씀 드립니다. 얼마나 슬픈 일이셨겠어요. 문상 말씀 드립니다."

라고 진심으로 문상을 하는 것이다. 문상은 상대방 상주나 유족 중심의 사람에게 말하는 것이 좋지만, 어수선한 상태일 때이므로 꼭 상주에게 말하지 않더라도 응접하러 나온 사람에게 말해도 지장은 없다.

부의

부의는 문상하러 갈 때에 보내는 것이 보통이다. 늦어도 장례식이 끝날 때까지 보낸다. 접수가 있으면 접수인에게 건네고, 또는 불전에 공양하든가, 상주나 유족에게 건넨다.

부의를 위한 지폐는 반드시 깨끗한 것을 사용한다. 포장 방법은 돈을 직접 부의 주머니에 넣지 말고, 우선 반지에 싸서 그 반지 위에 금액을 쓴다. 이것은 상대측의 사무처리를 돕기 위해 써 두는 것이 에티켓이다. 그리고 겉쪽 상부에 '부의'라든가 '영전'이라고 쓰고, 하부에 자신의 이름을 분명하게 쓴다. 장례식에는 밤샘, 고별식이 있고, 빔샘부터 나오는 것은 매우 친힌

분이 돌아가신 경우 뿐이다.

분향

젊은 여성 중에는 오랫동안 꼼짝않고 있는 것이 골칫거리인 것 같고, 분향 순서가 돌아오는데 다리가 저려서 설 수 없었거나, 넘어지거나 하는 사람이 있다. 오히려 능숙하게 편안히 앉는 편이 에티켓에 맞다.

분향은 한 번이나 세 번 하는데, 한 번으로 충분하다. 밤샘 때는 선향을 한 개나 세 개 함께 불을 붙여서 손으로 치켜들고 불길을 제거한 후 한개씩 향로에 꽂는다.

또한, 신식의 경우, 비쭈기나무를, 그리스도교의 경우는 헌화라고 해서 꽃을 첨부하는데, 이것은 모두 근본을 상대해서 덧붙인다.

복장

상장을 달거나, 정식 상복을 입는 것은 상주측이나 유족으로, 일반적인 참례자는 과장되지 않는 편이 좋을 것이다. 복장은 검은 원피스가 정식이지만, 약식인 경우는 짙은 감색이나 차아코울 그레이 쓰리피스도 괜찮을 것이다. 단, 번쩍이지 않는 바탕의 옷을 선택할 것.

그리스도교 관계의 장례식은 반드시 애도의 심볼인 모자나 베일을 쓴다. 악세서리는 가능한 한 달지 않는다. 그러나 진주는 눈물을 의미하기 때문에, 거무스름한 평상복에 진주를 달기만 해도 장례 복장이 된다.

88. 고별식에서의 상주 인사

이성을 잃은 장황하게 긴 인사는 조문객에게 침울한 비장감을 필요 이상으로 준다. 괴롭겠지만 확실한 태도로 임한다.

간과해서는 안될 점은, 우선 다수의 사람이 출석해 준 데 대한 감사의 마음을 서술할 것. 그리고 나서 고인의 생전 모습, 그 덕을 겸허하게 이야기하고, 구체적인 일화를 끼워서 자신들이 받은 은혜에 새삼스럽게 감사하며 그리워한다. 마지막으로 이제부터는 자신도 분발하겠다고 하는 의지를 표명한다.

"한 마디 인사말씀 드립니다. 저는 고인 ○○○의 장남 ×××입니다. 오늘은 다망하신 중에도 불구하고 다수의 여러분이 회장해 주셔서 감사해 마지 않습니다. 게다가 지금은 정중한 조사를 받고, 망부도 매우 깊이 감명하고 있으리라 생각합니다. 또한, 생전에는 일방적이 아닌 후정을 베풀어 우리들 유족 일동이 깊이 감사드리고 있습니다.……(중략)…… 새로운 장사를 시작할 때도 아이들 때문에 가족에게는 불안한 얼굴조차 한 번 보이지 않고 밤낮 구별없이 일에 몰두하고 계셨습니다. 그것이 아버지의 수명에 장해가 된 것이 아닐까, 그 일을 생각할 때마다 실로 미숙한 저이지만 아버지에게 부끄럽지 않도록 가업에 전력으로 노력하지 않으면 안되리라 생각하고 있습니다. 여느 졸부와 마찬가지로 지도 편달해 주시기를 거듭 부탁 말씀 드립니다. 이로써 사례의 말씀을 대신하겠습니다."

전화를 거는 방법, 받는 법의 전부

89. 능숙하게 전화 거는 법

얼굴 표정이나 동작이 보이지 않는 전화에서는 소리가 결정
적인 역할을 한다. 자신의 목소리가 어떤 소리일까, 한번 테이프
에 녹음해서 들어보는 것도 좋을 것이다. 어떤 울림을 가지고
있는지 알고, 어머나, 이런 목소리였던가, 하고 생각하기 마련이
다. 가능한 한 밝은 소리, 밝은 어조로 전화를 걸도록 한다.

밝은 어조는 전화통에서의 웃는 얼굴에서 생긴다. 우울한
얼굴일 때는 소리까지도 침울해져서 무거운 울림이 되는 법이
다. 흔히 전화통에 대고 인사를 하는 사람이 있다. 상대에게
보이지 않는데, 인사라니, 하고 생각할테지만, 인사도 전화통으
로 전달되는 것이다.

상대가 어떤 사람일지라도, 가령 그 전화가 잘못 걸려 온 전화
임을 알더라도 절대 난폭한 어조로 말을 해서는 안된다.

상대방이 '정말 미안합니다. 잘못 걸었습니다.'라고 말하면,

'천만에요.'라고 밝게 얘기해 줍시다.

찰카닥하고 이야기가 끝나면 곧 끊는 사람이 있다. 전화는 원칙적으로 건 쪽에서 먼저 끊는 것이 예의라고 하는데, 상대가 손님이나 손윗 사람인 경우 등, 일반적으로 그렇게도 할 수 없다. 상대방이 끊을 때까지 기다려야만 할 것이다. 찰카닥, 하는 소리는 귀에 거슬리게 울려 퍼지고, 절대 느낌이 좋은 것은 아니다. 끊을 때에는 여운을 갖도록 한다.

누군가를 불러달라고 할 경우에는, 그저 누구누구 씨를 말하는 것이 아니라, 반드시 '저는 ○○○입니다만, 죄송하지만 ××× 씨 계실까요?' '저는 ○○○입니다만, 죄송하지만 ×××

씨 부탁합니다.' 등, 먼저 자신의 이름을 밝힌 후 불러 부탁한
다.

다음에 상대가 없을 때, 용건이 긴급한 것인지 별로 급하지
않은 것인지 상대가 알 수 있을 정도의 메모를 해 두어야 한
다.

"돌아오시면 ◯◯◯로부터라고만 전해 주십시오."

"다시 또 걸겠습니다. 감사했습니다."

라고 말하도록 한다.

90. 소개 방법의 비결

벨이 울리면 '◯◯◯입니다'라고 상대방이 물어오기 전에
자신의 이름을 분명히 말한다. 소개는 간단하고 스마트하게
한다.

'×××씨 계십니까?'라고 말해 올 경우, 상대방이 있다면,
'예, 있습니다.' 하고 대답하고, 상대방의 용건을 물어 두는 것이
에티켓이다. 당사자가 없을 때는 '지금 공교롭게도 자리에 없는
데요. 안됐지만 돌아오는대로 이쪽에서 연락하도록 하겠습니
다. 실례이지만 성함을 말씀해 주세요. 저는 ◯◯◯입니다.'라
고 자신의 이름을 분명하게 말하고, 전화번호와 상대의 이름을
물어서 메모해 둔다.

또한 회사 등에서 흔히 볼 수 있는 일이지만, '×××씨는
지금 외출중입니다만……'라고 자기 회사 사람에게 경어를
붙여서 말하는 것은 잘못이다. '×××는……'하고 높임말을

붙이지 않고 이름만 부르는 것이 상대에 대한 에티켓이다.

외부의 사람에 대해서 사내의 사람은 모두 경칭을 빼고 이야기한다. 단지, 당사자의 가족이나 친구로부터의 전화에는 경칭을 붙인다.

또한 전화를 거는 방법도 단지 불러달라는 말만을 전달하지 말고, '무슨 무슨 용건으로 얘기를 하고 싶다'고 용건의 일단을 전달하도록 한다.

한편 중개하는 사람은 용건을 복창해서 틀림없도록 해야 한다.

손윗사람에게 전화를 거는 경우, 반드시 '아무쪼록 불러 주시면……'라고 하는 인사를 한 후 용건을 말한다. 예를 들면, 회사의 상사 등은, 시간적으로도 바쁜 사람들이기 때문에, 전갈로 끝나는 일같으면 중개로 나선 사람에게 확실히 용건을 부탁해 둠으로써 일부러 전화통으로까지 불러 내는 일은 삼가하기 바란다.

제5장
항상 유용한 편지, 전보문 만드는 방법 13가지 질문

편지를 잘 쓰는 법

91. 기쁨을 더하는 축하의 편지

결혼, 출산, 생일, 희수(77세), 미수(88세), 입학, 졸업, 영전, 개업, 개점, 병완쾌 등, 축하의 편지를 쓸 기회는 얼마든지 있다. 상대방으로부터 뭔가 소식이 있어서 쓰는 경우가 많지만, 가령 소식이 없어도 알고 있는 사람이라면 먼저 축하의 편지를 보내는 것도 좋다.

편지를 보내는 타이밍도 중요해서 너무 늦으면 축하가 되지 않을지도 모른다. 일찍 보내야만 할 것이다.

문면(文面)은 그 때의 사정에 따라서 변하지만, 요는 상대의 경사를 진심으로 축하하는 기분을 전달하는 것이다.

축하 편지에는 옛날부터 피하는 말이라고 하는 것이 있다. 불길한 것을 연상시키기 때문에 관례로써 사용을 피하지않으면 안되는 말이다. 예를 들면, 결혼 축하의 경우, '돌아온다' '떠난다'. 신부가 이혼하고 친정으로 '돌아오는' 소박데기는 좋지 않

고, '떠난다'고 하는 말은 '사라진다'로 통해서 불길한 예감을
준다. '또한' '그리고 또' '거듭거듭'과 같이 재차를 의미하는 말도
꺼려진다. 이 딸 '재혼할 것이다' 하고 생각하게 해서는 안되
기 때문에.

출산 축하의 경우에도, '사(死)' '가다' '류(流)' 등의 문자는
불길하다고 한다. 그러나 '사(死)'라든가 '망(亡)'등과 같이 노골
적인 말은 안되지만 '그리고 또'와 같은 말은 전체의 문면에서
축하의 마음이 느껴지는 것 같은 편지라면 사용해도 상관없을
것이다.

결혼 축하(Ⅰ)

"신록의 좋은 계절이 되었습니다. 건강하다니 경하합니다.
어제 ××× 군에게서 당신이 결혼하셨다는 소식을 듣고,
늦었지만 진심으로 축하 말씀 드립니다. 앞으로 새로운 인생
으로 출발하시는 것인데, 밝은 신혼 가정과 앞날의 행운을
빕니다. 우선 축하의 말씀 드립니다."

결혼 축하(Ⅱ)

"결혼 소식을 들었습니다. 정말로 축하합니다. 이전, 소개해
주셨을 때 매우 훌륭한 분이라고 생각했습니다. 어머니도
'꼭 닮은 부부구나'라고 말씀하셨습니다. 결혼식 때는 꼭
기쁨이 넘치리라 생각하고 있습니다.

우선은 엽서로 축하의 말씀을 드립니다."

입학 축하

"축하해. ××대학의 매우 치밀한 입학 시험에 한 번에 패스하다니, 새삼 자네의 실력에 경복하네. 공부는 이제부터가 진짜네. 대학에서는 탐욕스럽게 지식을 흡수하고, 스스로 사색해서 후일의 대성을 기해 주기 바라네. 우선 축하의 말을 전한다."

취직 축하

"삼가 아룁니다. 춘의의 계절, 여러분에게는 더욱 더 건승하실 줄로 아옵니다. 이번 ××회사의 취직을 진심으로 축하드립니다. ××회사라고 하면 일류 중의 일류, 어떻게든 학교 교육에 의해 몸에 배인 전공을 살려서 충분히 수완을 발휘하시기를 빕니다. 우선 서면을 통해서 축의를 표합니다."

92. 사례 편지의 서식

타인의 호의나 은혜에 대해서 감사의 마음을 표현하는 목적으로 쓰는 것이 사례 편지다.

감사의 마음을 표현하는 방법은 상대의 지위나 연령 등, 그 경우에 적합한 것이 아니면 안된다.

은사나 손윗사람에 대해서 감상적인 말투나 응석을 부리는 식의 표현은 실례이지만, 속속들이 아는 친구나 친척 아이들에게는 훨씬 스스럼없는 기분으로 쓰는 것도 친근감이 느껴져서 좋다.

요컨대 감사의 진심만 문장에 나타나 있으면 되는데, 그렇다
고 해도 도가 지나치면, 불쾌해지니까 주의하도록 한다.

입학 축하를 받는 인사

"전략, 제가 대학 입시에 붙고 이렇게 축하해 주셔서 정말
감사했습니다. 시험 전부터 여러 가지로 걱정해 주셨기 때문
에 덕분에 안심할 수 있는 결과를 얻을 수 있었음을 기뻐하고
있습니다. 앞으로도 기대에 어긋나지 않도록 열심히 공부하
고 싶습니다. 앞으로도 잘 이끌어 주십시요. 우선은 인사 말씀
드립니다."

선물을 받은 인사

"요전날은 훌륭한 호박엿을 주셔서 온 집안 식구가 매우 기뻐했습니다. 재빨리 모두 한 개씩 음미해 보았습니다. 과연 본고장의 맛, 더구나 호박을 넣고 만드신 보람은 있어서, 서울에서는 매우 구하기 어려운 미각입니다.

　정말로 고마왔습니다. 깊이 사례의 말씀드립니다."

조문의 인사

"어머니가 돌아가셨을 때는 즉시 문상 인사를 해주시고, 게다가 정중한 선물까지 해주셔서 정말로 고마왔습니다. 사실, 화장도 끝났습니다. 진작 인사 말씀 드리고 싶었지만, 여러 가지로 어수선했기 때문에, 우선 편지로 인사 말씀을 드립니다."

근화(近火) 위문의 인사

"전날 근화 때에는 일찍 방문을 해주셔서 정말로 감사했습니다. 잠시는 어떻게 될까 하고 마음이 쓰여서 안절부절했지만, 다행히도 연소를 면해서 안심했습니다. 부디 안심해 주십시요.

　염려해 주신 점, 깊이 감사의 말씀드립니다."

93. 편지가 아니고서는 할 수 없는 사랑의 효과

현재는 이성과의 교제도 자유로와서 이전과 같이 편지로

서로의 애정을 상대에게 전달하거나, 몰래 생각하고 있는 사람에게 심중을 털어놓고 이야기하기 보다는 직접 찬스를 만들어서 두 사람이 이야기를 한다고 하는 방법을 취하게 되었다.

마을이나 교외에서 만나서 이야기하는 것도, 상대의 집을 방문하는 것도 어렵지 않게 되었고, 전화로 이야기할 수도 있다.

그러나 편지에는 편지로써의 장점이 있고, 회화로는 표현할 수 없는 감정의 미묘한 정을 문장으로 표현함으로써 상대의 감성에 호소하는 효과가 있는 것이다. 또한 편지는 머리맡에 두고 두고 반복해서 음미할 수 있고, 책상에 앉으면 열심히 그것을 쓴 사람의 성실함이 상대의 마음을 감동시키는 경우도 있을 것이다.

러브레터는 열정적인 문장을 구사하는 것도 좋을 것이고, 애달픈 마음속을 면면히 호소하는 것도 좋을 것이다. 혹은 선뜻 아무렇지도 않게 넌지시 비추는 것 같은 편지도 나쁘지 않다. 요컨대, 사랑하는 마음이 자연스럽게 문장에 배어 나와서 상대의 마음에 전해지게 되지만, 아니꼬운 말이나 시큰둥한 것 같은 표현으로 상대의 환심을 사려고 하는 것은 피하도록 한다.

94. 알아 두면 편리한 사계의 인사

춘하추동, 각각의 계절에 어울리는 시후(時候)의 인사말이 있다. 편지의 서두에 사용하는 관용적인 말이지만, 이 시후의 인사로부터 스무드하세 본문으로 돌이가는 효과가 있다. 물론

비지니스 편지에는 시후의 인사는 필요없다.

〈봄〉 춘난지절. 조춘지절. 양춘지절. 모춘지절.

• 제법 봄다와졌습니다.

• 추위도 더위도 피안까지라고 하는데……

• 봄은 밤이 짧고 몸이 노곤해서 흔히 늦잠을 자기 쉽다고
하는데……

• 벚꽃도 한창인 요즘……

• 신록의 계절이 되었습니다만……

〈여름〉초하지절. 성하지절. 만하지절.
- 찌무룩한 장마의 계절이 되었습니다만……
- 바람도 상쾌한 초여름이 되었습니다……
- 더위가 기승을 부리는 때이므로……
- 늦더위가 더욱 기승을 부리는 요즘……

〈가을〉상추지절. 추랭지절. 만추지절.
- 하늘의 색도 제법 가을다와졌습니다만……
- 가을도 점점 깊어졌습니다만……
- 천고마비의 가을이 되었습니다……
- 뼈에 사무치는 추운 밤에, 겨울이 찾아옴을 느끼는 때…

〈겨울〉초동지절. 엄한지절.
- 음력 12월이 되었습니다……
- 바쁜 세모가 되었습니다만……
- 추위가 기승을 부리는 때……
- 여한이 더욱 기승을 부리는 때이므로……
- 입춘이란 아직 이름뿐인 차가운 바람……

95. 재치있는 시후(時候) 문안의 표현법

복중, 한중 문안은 시후의 변화에 당분간 만나지 않았던 친
구, 아는 사람, 선배에게 안부를 묻는 것이다. 7월 중순부터 8
월 상순까지의 문안을 복중 문안이라고 하며(입추 이후의

문안은 늦더위 문안), 1월중의 문안을 한중 문안이라고 한다.

시후 문안도 연하장과 마찬가지로 '복중 문안 인사 드립니다', '한중 문안 인사 드립니다.'라고 하는 형식적인 문구를 인쇄한 정도의 엽서로 해결하는 사람이 적지 않은데, 이래서는 맛도 멋도 없는 연하장이 되어 버려서, 시후 문안을 보냈을 뿐이라고 하는 것이 될지도 모른다. 상대에게 읽히는 따뜻한 맛이 있는 문안을 쓰기 위해서는 상대의 근황을 묻고, 자신의 근황을 서술하는 글을 덧붙여 두기 바란다.

복중 문안의 예문

'복중 문안 인사를 드립니다. 꽤 소식이 뜸했는데 모두 건강하십니까? 올해는 또 근년에 없는 더위로, 이 지방에서는 여하튼 전후 최고를 기록했다고 하는 이야기입니다. 다행히 우리들 가족 일동은 무사히 지내고 있습니다. 동생은 매일 바다에 나가 있기 때문에, 새까맣게 햇빛에 타서, 올해야말로 흑인 대회에서 우승하겠다고 이상할 정도로 긴장하고 있습니다. 주말에라도 누이동생과 함께 와 주시면 어떨까요. 아무것도 할 수 없지만, 해변의 신선한 공기와 태양에서 도회의 먼지를 털고, 자연을 만끽해 보는 것도 나쁘지는 않으리라고 생각합니다. 대답을 기다리고 있겠습니다. 모두에게 안부 전해 주십시요.'

96. 차금(借金) 의뢰의 편지 서식

남에게 무엇을 부탁한다고 하는 것은 말로도 좀체 표현하기

어려운 법이다. 하물며 돈을 빌리기 위해서 편지를 보내는 것은
더욱 그렇다.

상대의 입장을 잘 생각한 후 무리없는 범위에서 부탁하는
것이 상식이다. 상대의 호의에 의지해서 그 조력을 얻기 위해
쓰는 것이기 때문에, 예의를 잃지 않도록 주의할 필요가 있고,
성의를 다해서 정중하게 쓰는 것이 중요하다.

부탁하고 싶은 사항은 명확하게 쓰고, 추상적인 혼동하기
쉬운 표현은 피한다.

"형님! 격조했습니다만 모두 별고 없습니까? 실은 첫째아들
민우가 고등학교에 진학하기 때문에 그 준비를 해야만

했습니다. 그 때문에 연말 보너스를 받아 둘 예정이었는데, 이 불경기로 여느 해의 반도 나오지 않은 상태입니다. 게다가, 아무튼 꼭 나가지 않으면 안될 지출비가 있어 현재 수중의 돈으로는 부족할 것 같습니다. 여름 보너스 때에 공제로 반드시 갚을 테니까 20만원만 빌려 주시기를 바랍니다. 부디 부탁드립니다.”

라고, 편지로 자세하게 써서 보내면 성의도 통하는 법이다. 그러나 가능하면 직접 찾아가서 부탁하는 것이 도리에 맞고 당연하다.

97. 예의를 잃지 않는 거절의 편지는 좀체로 쓰기 어려운 것이다

부탁받은 일이든, 상대의 후의를 사양하든, 상대방의 기대에 어긋나는 결과가 되기 때문에 그것을 거절하기 위해서는 힘이 든다.

중요한 것은 거절할 결심이라면 대답은 가능한 한 빨리 할 것. 말을 꺼내기 어렵다고 해서 꾸물거리고 있으면 상대에게 한층 폐를 끼치게 되고, 오해를 낳게 되는 경우도 있다. 또한 거절의 편지는 상대의 감정을 해치지 않도록 써야만 한다. 상대방이 읽어 보고, ‘과연 지당하다’고 납득하기 위해서도, 우선 첫째로, 성의를 다해서 쓸 것, 다음에 거절하지 않으면 안되는 사정을 분명히 쓸 필요가 있다. ‘거짓말도 방편’이라고 하지만, 빤히 들여다 보이는 거짓말로 거절하는 것은 엄히 삼가해야 한다.

차금의 의뢰를 거절한다

"삼가 편지를 받아 보았습니다. 사정도 잘 알았고, 나와 같은
사람에게 상담하다니 만부득이한 일이라고 생각합니다. 전혀
남의 일이라고는 생각되지 않아서 여러 가지로 생각해 보았
습니다만, 도저히 저의 힘에는 미치지 않아 거절의 말씀을
드리지 않으면 안되겠습니다. 도움이 되지 못해서 정말 변명
의 여지가 없지만, 부디 양해해 주십시요. 이상으로 우선 사죄
와 아울러 대답드립니다.   경구"

차금의 의뢰를 거절한다 ─ 친구 사이

"보내 준 편지 잘 받아보았다. 어떻게든 해 보려고 사방 금책
했지만, 아무래도 금액이 너무 커서 내 손으로는 감당할 수가
없다. 미안하지만 다른 친구에게 알아봐 주지 않겠나. ○○○
군 정도라면 어떻게 될 지도 몰라. 나를 믿고 상담해 주었는
데 기대에 부합되지 못해서 정말로 유감이다. 값싼 샐러리맨
의 비애를 느끼고 있네. 내 기분도 혜아려 주게."

98. 병 문안 편지의 요점

문안 편지는 필요한 시기를 놓쳐서는 우스운 것이 된다. 편지
는 상대의 기분에 동정한 나머지, 침울한 표현이 되지 않도록
신경을 쓰지 않으면 안된다. 자신이 상대의 병상을 걱정하고,

완쾌를 빌고 있다고 하는 기분을 솔직하게 전달하는 것이 중요
하다.

수술을 한 사람에게

"맹장 수술을 받으셨다는데 경과는 어떻습니까. 걱정하고
있습니다. 의학이 진보한 오늘날, 맹장 수술은 수술 축에 들지
도 않는다고 할 정도이기 때문에 그 점은 안심이지만, 평소
병 한 번 앓은 적이 없는 당신이기 때문에 틀림없이 침상
생활이 지겨우리라 생각하고 있습니다. 후의 보양이 가장
중요하다고 생각합니다. 2, 3일 중으로 문안하러 올라가겠지

만, 우선 편지로……"

병에 대해서는 걱정하지 않도록, 그렇지만 충분히 조심하도록, 이라고 하는 두 가지의 의미를 포함해서 쓰는 것이 중요하다.

이런 병으로 치료될까 몰라……라고, 기분이 우울해져 있는 사람에게는,

"당신과 같은 병에 걸린 친구가 있는데, 지금은 이제 완전히 건강해져서 매일 철야 해도 끄떡없을 정도입니다."

라고, 환자가 밝은 희망을 가질 것 같은 말이 필요하다.

폐병이나 간염으로 장기 요양 생활을 하고 있는 사람에게는 친구들의 소식, 주변에서 일어난 재미있는 사건 등을 들려 주도록 한다. 짧더라도 성실하게 소식을 전해주면 기뻐할 것이다.

99. 출석 의뢰의 안내장

안내 편지에서 절대 잊어서는 안될 것은 일시, 장소, 회비다. 이것은 알기 쉽고 분명하게 써 두지 않으면 안된다. 회비가 쓰여 있지 않았기 때문에 공짜라고 생각하고 나가서, 1만원이나 뺏기고, 그달의 예산이 틀어지는 사람도 없지 않기 때문에.

신년회의 안내

삼가 아룁니다. ○○회 항렬의 신년회를 다음과 같이 개최하고자 하오니, 자진해서 출석해 주시도록 안내의 말씀 드립니다.

일시 1월 4일 오후 1시

장소 ××호텔 ○○홀

회비 1만 5천원

추후 출석의 유무를 간단히 알려 주시기 바랍니다.

더욱이 이와 같은 경우, 장소의 약도를 첨가해 두면 매우 친절한 안내장이 된다. 게다가 여백에 한 줄, 확실하게 출석시키는 방법은──.

'○○○ 씨도 출석할 예정입니다. 그(그녀)는 당신을 만나고 싶다고 했어요.'라고 덧붙여 두면 반드시 출석할 것임에 틀림없다.

100. 사과장에서 신경을 써야 할 것

뭔가 자신의 나쁜 점을 깨닫고 잘못을 사과하는 편지이기 때문에, 어디까지나 상대방에게 이쪽의 성의를 전달하도록 쓰지 않으면 안된다. 자신의 잘못, 실책을 가리고 숨기거나, 변명하거나, 책임을 타인에게 전가하는 것은 절대로 해서는 안된다. 그렇게 하면 오히려 상대방의 감정을 해쳐 버린다. 있는 그대로의 사정을 솔직하게 털어놓고, 순순히 사과하는 것이 중요하다.

빌린 것을 잃어버린 사과 ─ (좋은 예)

"전날은 늦게까지 실례 많았습니다. 실은 돌아오는 길에 빌린 책 말인데, 빨리 돌려 주려고 가지고 나갔다가 도중에서 전차

안에 두고 잊고 내려버렸습니다. 역부터 유실물 취급소까지 찾아 돌아다녔지만 도저히 찾을 수 없었습니다. 뭐라고 사과의 말씀을 드려야 될 지 모르겠지만, 같은 것을 구하는대로 보내드리겠습니다. 부디 용서해 주십시요."

빌린 것을 잃어버린 사과 — (나쁜 예)

"전날은 늦게까지 정말 실례했습니다. 실은 그 때 빌린 책 말인데, 돌려주려고 생각하고 있는 사이에 누군가가 가지고 가 버린 것 같이 어느 사이엔가 어디로 가 버렸습니다. 당신도 다 읽은 것 같고, 나도 지금은 매우 바쁘기 때문에, 일간

시간이 나면 찾아서 돌려 드리겠습니다. 용서해 주십시요."
이 편지의 어느 부분이 나쁜지는 일목요연할 것이다. 무책임
하고 이기적이고, 조금도 성의가 느껴지지 않는다. 이와 같은
편지는 절대 삼가하지 않으면 안된다.

101. 문상 편지

문상은 상대방의 가족이나 친척 중 어느 분이 돌아가셨을
경우에 보내는 편지다. 상대방은 침통한 기분이 되어 있기 때문
에 편지 내용은 동정하고, 위로하고, 격려하는 말이 중심이 된
다.

진심의 말을 쓰는 것이 중요하기 때문에 관계가 없는 말을
줄줄 쓰지 말고 본문으로 들어가는 것이 좋다. 특히 문상 편지
는 말씨에 세심한 신경을 쓰지 않으면 안된다. 주의하지 않으면
안될 말——'죽음'이라고 하는 말은 피하고, '영면' '서거' '돌아가
시다'라고 하는 말을 사용한다. 또한 불행이 겹치는 일이 없도
록 '겹치다'라고 하는 어감의 말 '거듭' '다시 한 번' '더 더욱'
이라고 하는 말도 피한다.

어머니를 잃은 친구에게 ——예(Ⅰ)

어머님이 돌아가셨다고 해서 깜짝 놀랐습니다. 얼마나 낙심하
고, 비탄에 잠겨 있을까를 추찰하면 나까지 참을 수 없는 기분
이 됩니다. 아마 어떤 말도 지금의 당신의 마음을 위로할 수는
없을 것입니다. 누구도 대신하기 어려운, 이 세상에 단 한 분인

어머님이기 때문에.──그러나 지금은 이미 어찌 할 도리가 없는 일. 부디 하루라도 빨리 회복해 주시기를 바랄 뿐입니다.

동봉한 돈은 제 성의 표시입니다. 어머님이 좋아하셨던 물품을 대신해서 영전에 준비해 주셨으면 합니다. 우선 문상 드립니다.

친구의 부모님께──예(Ⅱ)

영기 씨의 부모님께

영기 씨는 보양의 보람도 없이 영면하셨기 때문에 통지에 접하고 통한해 마지 않습니다.

전부터 병상이 시원치 않다는 사실은 알고 있었지만, 꼭 쾌유하시리라 믿고 있었습니다.

영기 씨가 우리들 친구 앞에서 사라져 버렸다는 사실은 참을 수 없는 쓸쓸함입니다. 부모님께서 깊은 슬픔에 젖어 계실 것을 생각하니 뭐라 형용할 수가 없습니다.

매우 실례라고는 생각하지만, 별봉은 약소한 표시 정도의 향료입니다. 부디 거둬 주시기를 부탁 말씀 드립니다. 우선 문상 드립니다.

능숙한 전보 치는 법

102. 효과적인 축전 치는 법

축전은 무엇보다도 타이밍이 중요하다. 결혼 축하, 회합, 식전, 출발, 낙성 및 개업 등의 경우는 하루나 반나절 정도 조금 빠르게 치는 것이 좋을 것이다. 이미 일이 끝난 후보다 조금 빠르게 받는 편이 얼만큼 기쁜지 모른다.

전보를 치는 방법
① 창구에서
전보취급국(전신전화국, 우체국)에서 전보발신지에 전문내용을 기재하여 발신할 수 있습니다.
② 전화로
어느 때 어느 곳에서나 국번없이 115번을 돌리시면 전보접수 담당자가 나옵니다. 자기의 전화번호와 성명을 말씀하시고 수화기를 놓으시면 잠시 후 접수 담당자로부터 전화가 걸려와 확

인·접수합니다.

이 때에 '전보의 종류', '수신인의 주소 성명', '통신문의 내용' 순으로 말씀하시면 됩니다. 이 경우 전보요금은 다음달 전화요금청구서에 함께 청구됩니다.

③ 전보 배달원편에

배달 중인 전보배달원부에 부탁하시면 배달원이 전보를 받아 처리합니다.

④ 야간에 치는 전보

20시부터 다음날 8시 사이에 치는 보통 전보는 다음날 8시 이후에 배달합니다.

※20시 이후 야간에 치는 전보중 급한 전보는 지급전보로 이용하시기 바랍니다.

전보의 종류

① 일반전보

이용자의 범위 또는 이용조건이 특정되지 않은 전보를 말합니다.

② 무선전보

선박에 설치된 무선국에 의하여 선박에서 발신하거나 선박으로 보내는 전보를 말합니다.

③ 경조전보

통신문의 일부 또는 전부가 경축 또는 조위를 내용으로 하는 전보로서 아름답게 디자인된 특별 송달지를 사용하여 배달하는 전보를 말합니다.

④ 보도 전보

일간신문에 싣거나 방송을 하기 위한 뉴스 또는 정보를 내용으로 하는 전보로서 언론기관 상호간에 발·수신하는 전보를 말합니다.

⑤ 모사전보(FAX)

문자, 숫자, 기호, 도안(수출입면장, 설계도, 서류, 서신, 면허증) 등을 전송과정에서 모사하여 원형대로 보내는 전보를 말합니다.

전보의 특수 취급 종류

① 특사 배달

받아보실 분의 주소가 배달국에서 먼거리인 경우에 이용하시면 특사로 빨리 배달하여 드립니다.

요금 : 배달거리 8km까지   1,000원

          4km초과마다   500원

② 회답통지

전보의 회신을 곧 받아야 할 때 이용하시면 지정된 문례에 따라 회신을 받으실 수 있습니다.

요금 : 125원

③ 배달일시지정

결혼식, 졸업식 등의 축하나 경기장의 격려, 기타 필요시 원하는 날자와 시간에 배달하여 드립니다.

요금 : 50원

④ 수신인명연기

전보를 배달하여야 할 장소가 동일한 경우 3인 이내로 수신인 명을 연기할 수 있으며 이중 어느 한 사람에게 배달하여 드립니다.

요금 : 1수신인마다 50원

전보의 서비스 이용 안내

① 경축 전보 예약 접수

자주 문안드리지 못하는 어른의 생신(生辰)일이나 바쁜 생활로 오고갈 수 없는 각종 기념일을 전신전화국에 미리 신청해 놓으시면 전신전화국에서 매년 그날(기념일)이 오면 축하전보를 배달해 드립니다.

전보요금은 다음달 전화요금 납입청구서 합산 청구됨으로 현금 없이도 이용 가능 합니다.

② 다량 전보 방문 접수

전보를 한꺼번에 많이 보내시고저 할 때 가까운 전신전화국으로 전화 연락하시면

전보배달원이나 직원이 직접 방문 접수하여 드립니다.

③ 상품 선전 전보

각종 상품 제조회사, 백화점, 공장, 슈퍼마켙, 여행사 등에서 상품의 내용을 알리고저 할 때 이용

이용 요령 :——(새바) 당사제품을 더욱 많이 이용하여 주시기 바랍니다.

○○ 제과 드림

아래와 같은 문례로 미려한 특별 송달지에 배달하여 드립니다.

——생일을 축하하오며 행복과 건강을 빕니다.

당사 제품을 더욱 많이 이용하여 주시기 바랍니다.

○○ 제과 드림

103. 이용하면 편리한 전문 실례집

이 밖에 축전으로서 전신국에서 특별히 취급해 주는 것에, 다음과 같은 것들이 있다.

개업, 낙성

개업을 축하하오며, 앞날의 번영을 빕니다.

개업을 축하하오며, 무궁한 번영 있으시길 빕니다.

개점을 축하하오며, 앞날의 번영을 빕니다.

개청을 축하하오며, 내일의 번영을 빕니다.

뜻깊은 낙성을 축하하오며, 앞날의 번영을 빕니다.

개업을 축하하며, 앞날의 번영을 빈다.

개업을 축하하며, 무궁한 번영을 빈다.

개점을 축하하며, 앞날의 번영을 빈다.

개청을 축하하며, 내일의 번영을 빈다.

뜻깊은 낙성을 축하하며, 앞날의 번영을 빈다.

창설, 입주

창립을 축하하오며, 건투와 발전을 빕니다.

뜻깊은 창단을 축하하오며, 눈부신 발전을 빕니다.

창립기념일을 축하드리오며, 앞으로 더욱 발전하시길 기원합니다.

새보금자리로 입주하심을 축하드리며, 가정에 건강과 행복을 빕니다.

창립을 축하하며, 건투와 발전을 빈다.

뜻깊은 창단을 축하하며, 눈부신 발전을 빈다.

새보금자리로 입주함을 축하드리며, 가정에 건강과 행복을 빈다.

모임, 식전

뜻깊은 모임을 축하합니다.

대회에 참석하지 못함을 사과드리며, 멀리서 뜨거운 성원을 보냅니다.

뜻깊은 대회에 성원을 보내오며, 소기의 목적 이루시길 빕니다.

성스러운 식전을 경축하오며, 무궁한 발전을 빕니다.

영광이 가득한 오늘의 큰잔치에 삼가 축하를 드립니다.

뜻깊은 모임을 축하한다.

대회에 참석하지 못함을 사과하며, 멀리서 뜨거운 성원을 보낸다.

뜻깊은 대회에 성원을 보내며, 소기의 목적 이루길 빈다.

성스러운 식전을 경축하며, 무궁한 발전을 빈다.

전시회

미술전을 축하하오며, 더욱 발전하시길 빕니다.

전시회를 축하하오며, 내일의 영광을 기원합니다.

전시회를 축하하오며, 끊임없이 발전하시길 빕니다.

미술전을 축하하며, 대성황 이루시길 빕니다.

전시회를 축하하며, 더욱 발전하길 빈다.

전시회를 축하하며, 내일의 영광을 기원한다.

전시회를 축하하며, 대성황 이루길 빈다.

명절

뜻깊은 명절을 맞아 가정에 웃음과 기쁨이 넘치시길 빕니다.

명절인데도 찾아뵙지 못하여 죄송하오며, 평안하시길 빕니다.

설날을 맞아 집안이 두루 평안하시길 빕니다.

즐거운 한가위가 되시기 바라오며, 풍성한 수확을 기원합니다.

한가위를 맞아 집안이 두루 평안하시길 빕니다.

뜻깊은 명절을 맞아 가정에 웃음과 기쁨이 넘치길 빈다.

부처님 오신 날

뜻깊은 석탄절에 모든 일 뜻대로 이루시길 빕니다.

부처님 오신날을 봉축합니다.

부처님 오신날을 봉축하오며, 부처님의 자비로 모든 일에 행운이 함께 하시길 빕니다.

부처님 오신날을 봉축하오며, 부처님의 자비광명이 온누리에
가득하시길 빕니다.

스승의 날
뜻깊은 날을 맞이하여 선생님의 은혜에 다시금 감사드립니
다.
멀리서 선생님의 은혜에 감사드리며, 내내 건강하시길 빕니
다.
선생님의 은혜에 감사드리며, 부족한 제자 문안드립니다.
선생님의 만복을 비오며, 자주 문안드리지 못함을 사죄합니
다.

성년의 날
스승님의 은혜에 깊이 감사드립니다.
성년됨을 축하하며, 앞날의 발전을 빈다.
성년됨을 축하하며, 앞날의 영광을 빈다.
성년을 맞아 더욱 건강하고 씩씩한 새일꾼이 되길 빈다.

성탄
성탄절과 새해를 축하합니다.
성탄절을 축하하오며, 새해의 만복을 빕니다.
성탄절과 새해를 축하하오며, 평소의 후의에 감사드립니다.
성탄절을 맞이하여 주님의 은총이 함께 하시길 빕니다.
성탄절을 맞아 온가정에 기쁨과 사랑이 넘치시길 빕니다.

성탄절과 새해를 축하하오며, 뜻한 바 모든일 성취하길 빕니다.

성탄절을 축하하며, 새해의 만복을 빈다.

성탄절을 맞이하여 주님의 은총이 함께 하시길 빈다.

성탄절을 맞아 온가정에 기쁨과 사랑이 넘치길 빈다.

성탄절과 새해를 축하하며, 뜻한 바 모든 일 성취하길 빈다.

연하

새해를 맞이하여 행운과 평안을 빈다.

새해를 맞이하여 행운과 발전을 빕니다.

새해에는 뜻한 바 모두 이루시길 빕니다.

새해 복많이 받으시고 소원 성취하시길 빕니다.

새해에는 더욱 행복하시고 만사형통하시길 빈다.

새해를 맞이하여 삼가 행운을 비오며, 변함없는 지도편달을 바랍니다.

지난해의 보살핌에 감사드리오며, 새해에도 많은 가르치심 바랍니다.

한해를 보내면서 그동안의 은혜에 감사드립니다.

항상 보살펴주심에 감사드리며, 새해에도 복많이 받으시고 건강하시길 빕니다.

희망의 새해를 맞이하여 온가정에 만복이 깃드시길 빕니다.

새복 듬뿍 받기를 빈다.

새해를 맞이하여 행운과 평안을 빈다.

새해를 맞이하여 행운과 발전을 빈다.

새해 복많이 받고 소원성취하길 빈다.

새해에는 뜻한 바 모두 이루길 빈다.

희망의 새해를 맞이하여 온가정에 만복이 깃들기를 빈다.

어린이날

더욱 예쁘고, 찾하기를 바란다.

싱그런 5월 하늘처럼 해맑게 커다오.

오늘은 어린이날, 더욱 슬기롭고 건강하게 자라라.

오늘은 어린이날, 착하고 씩씩하게 자라서 이 나라의 기둥이 되기를 바란다.

어버이날

높고 깊으신 부모님 은혜에 감사드립니다.

두분의 은공에 깊이 감사드립니다.

부모님의 은공에 다시금 감사드립니다.

부모님 더욱 건강하시고 복 누리십시오.

아버님의 은공에 다시금 감사드립니다.

아버님의 은공에 다시금 감사드리며, 항상 건강하시길 빕니다.

어머님의 은공에 다시금 감사드립니다.

어머님의 은공에 다시금 감사드리며, 항상 건강하시길 빕니다.

엄마, 아빠 항상 감사드리며, 정말로 존경해요!

하늘같은 은혜에 깊이 감사 드립니다.

선거

공천 받으심을 경하합니다. 건투와 필승을 기원합니다.

우리 당에서는 ○○○을 공천하였습니다. 많은 지도편달 있으시길 믿겠습니다.

멀리서 격려의 뜻을 전하며, 당선의 영광을 기원합니다.

출마를 경하하오며, 영광스런 당선을 기원합니다.

입후보하심을 경하합니다. 당선의 영광이 함께 하시길 기원합니다.

금번선거에 입후보했습니다. 성심껏 일하겠사오니 많은 지원 바랍니다.

모든 일을 여러분과 함께 하겠습니다. 변함없으신 지원을
빌겠습니다.

한표에 담긴 소중한 마음들을 대변할 수 있는 기회를 주시기
바랍니다.

이번 선거에 당선의 기회를 주신다면 지역사회 발전의 최선봉
이 되겠습니다.

저에게 기회를 주신다면 신명을 다 바쳐 일하겠습니다.

당선, 입선

당선을 축하합니다.

당선을 축하하오며, 더 큰 발전을 빕니다.

영광스런 당선을 진심으로 축하합니다.

영예로운 당선을 축하하오며, 건투를 빕니다.

영예로운 당선을 축하하오며, 앞날의 발전과 건투를 빕니다.

영예로운 당선을 축하하오며, 지역사회 발전을 위하여 더
많은 노력있으시길 빕니다.

지역사회 발전을 위하여 영예로운 당선을 진심으로 축하합니
다.

입선을 축하합니다.

입선을 축하하오며, 더욱 정진하시길 빕니다.

당선을 축하한다.

당선을 축하하며, 더 큰 발전을 빈다.

영광스런 당선을 진심으로 축하한다.

영예로운 당선을 축하하며, 건투를 빈다.

영예로운 당선을 축하하며, 앞날의 발전과 건투를 빈다.
입선을 축하한다.
입선을 축하하며, 더욱 정진하길 빈다.

수상

영예로운 표창, 진심으로 축하합니다.
영예로운 포상받으심에 삼가 축하합니다.
오늘의 영광을 더불어 기뻐합니다.
기쁘구나, 오늘의 영광을 더욱 빛나게 하여라.
영예로운 수상, 진심으로 축하한다.

영예로운 표창, 진심으로 축하한다.

유학, 출국, 귀국
유학을 축하하오며, 건강과 성공을 기원합니다.

뜻깊은 장도를 축하하오며, 건강과 성공을 기원합니다.

빛나는 장도를 축하하오며, 더 큰 발전을 기원합니다.

장도를 축하하오며, 건강한 모습으로 돌아오시길 빕니다.

장도를 축하하오며, 필승을 기원합니다.

무사히 임무를 마치고 귀국하심을 축하드립니다.

유학을 축하하며, 건강과 성공을 기원한다.

뜻깊은 장도를 축하하며, 더 큰 발전을 기원한다.

장도를 축하하며, 필승을 기원한다.

체육
금메달을 목에 걸고 금의환향 하시기를 기원합니다.

메달획득을 진심으로 축하합니다.

승리를 축하하오며, 승승장구를 빕니다.

위대한 조국에 승리의 영광을 안겨주시기 바랍니다.

영광의 금메달까지 대한건아의 투혼을!

영광스러운 우승을 진심으로 축하합니다.

최후의 순간까지 최선을 다해주시기 바랍니다.

필승의 신념으로 우리 직장의 명예를 더욱 빛내주시기 바랍니다.

너의 우승은 우리 모두의 영광이다.

장하다 우리 건아, 필승을 기원한다.

필승의 신념으로 우리 학교의 명예를 더욱 빛내주기 바란다.

금메달을 목에 걸고 금의환향 하길 기원한다.

메달획득을 진심으로 축하한다.

승리를 축하하며, 승승장구를 빈다.

위대한 조국에 승리의 영광을 안겨주기 바란다.

영광스런 우승을 진심으로 축하한다.

최후의 순간까지 최선을 다해주기 바란다.

필승의 신념으로 우리 직장의 명예를 더욱 빛내주기 바란다.

출산

고대하시던 공주님의 탄생을 축하합니다.

고대하시던 옥동자를 보셨다니 반갑고 기쁩니다.

귀여운 공주님의 탄생을 축하합니다.

득남을 축하하오며, 산모의 건강을 빕니다.

순산을 축하하오며, 산모의 건강을 빕니다.

귀여운 딸 낳았다니 기쁘다.

귀여운 옥동자 탄생을 축하한다.

귀여운 공주님의 탄생을 축하한다.

득남을 축하하며, 산모의 건강을 빈다.

순산을 축하하며, 산모의 건강을 빈다.

돌, 백일

돌날을 축하한다.

아기의 첫돌을 축하하오며, 더욱 무럭무럭 자라길 빕니다.

아기의 첫돌을 축하하오며, 영특하고 튼튼하게 자라길 빕니다.

백일을 맞아 더욱 건강하게 자라길 빕니다.

아기의 백일을 축하합니다.

아기의 백일을 축하하오며, 무럭무럭 자라기를 빕니다.

돌날을 축하한다.

아기의 첫돌을 축하하며, 더욱 무럭무럭 자라길 빈다.

아기의 첫돌을 축하하며, 영특하고 튼튼하게 자라길 빈다.

백일을 맞아 더욱 건강하게 자라길 빈다.

아기의 백일을 축하한다.

아기의 백일을 축하하며, 무럭무럭 자라길 빈다.

생신(생일)

생신을 축하하오며, 만수무강을 빕니다.

생신을 축하하오며, 행복과 건강을 빕니다.

생일을 축하하오며, 행운과 건강을 빕니다.

생신을 축하하오며, 내내 건강하시길 빕니다.

멀리서 생일을 축하하오며, 함께 즐기지 못하여 서운합니다.

생일을 축하하며, 너의 생활이 더욱 복되기를 빈다.

멀리서 생일을 축하하며, 함께 즐기지 못하여 서운하다.

생일을 축하하며, 행운과 건강을 빈다.

수연(회갑)

기쁘신 수연에 참석하지 못함을 사과하오며, 멀리서 축배를 드립니다.

삼가 회갑을 축하하오며, 만수무강하시길 빕니다.

삼가 고희를 경하하오며, 내내 평강하시길 빕니다.

회갑을 축하드리오며, 더욱더 건강하시고 평안한 나날이 되시길 빕니다.

취임, 취직

취임을 경하합니다.

취임을 경하하오며 건투를 빕니다.

취임을 충심으로 축하하오며, 모든 일 뜻대로 되시길 빕니다.

취직을 축하하오며, 성공을 빕니다.

취임을 축하하며 건투를 빈다.

취임을 충심으로 축하하며, 모든 일 뜻대로 되기를 빈다.

취직을 축하한다. 푸른 꿈의 실현에 더욱 매진하기 바란다.

취직을 축하한다. 창조의 역군이 되어라.

군사

국군의 날을 축하하오며 군의 무궁한 발전을 기원합니다.

명예로운 전역을 축하합니다.

빛나는 전공을 축하하오며, 앞날의 행운을 빕니다.

입대를 축하하오며, 건투와 무운을 빕니다.

전역을 축하하오며, 앞날에 행운 있으시길 빕니다.

명예로운 전역을 축하한다.

빛나는 전공을 축하하며, 앞날의 행운을 빈다.

입대를 축하하며, 건투와 무운을 빈다.

전역을 축하하며, 앞날에 행운 있기를 빈다.

승진

승진을 축하합니다.

승진을 경하합니다.

승진을 축하하오며, 건투와 행운을 빕니다.

승진을 축하하오며, 모든 일 뜻대로 되시길 빕니다.

승진을 축하하오며, 앞날의 영광을 빕니다.
영예로운 진급을 축하하오며, 무궁한 발전을 빕니다.
승진을 축하한다.
승진을 축하하며, 건투와 행운을 빈다.
승진을 축하하며, 앞날의 영광을 빈다.
영예로운 진급을 축하하며, 무궁한 발전을 빈다.

영전

영전을 경하합니다.
영전을 축하합니다.
영전을 축하하오며, 더욱 건투하시길 빕니다.
영전을 축하하오며, 더 큰 영광 있으시길 바랍니다.
영전을 진심으로 축하하오며, 더 큰 발전 있으시길 빕니다.
영전을 축하하오며, 건투를 빕니다.
영전을 축하하오며, 큰 행운이 있으시길 빕니다.
영전을 진심으로 축하하오며, 배전의 지도편달을 바랍니다.
영전을 축하한다.
영전을 축하하며, 더욱 건투하길 빈다.
영전을 축하하며, 더 큰 영광 있기를 바란다.
영전을 진심으로 축하하며, 더 큰 발전 있기를 빈다.
영전을 축하하며, 건투를 빈다.
영전을 축하하며, 더 큰 행운이 있기를 빈다.

퇴임

그동안의 업적을 기리며, 앞날의 행운을 빕니다.
그동안의 노고에 경의를 표하며, 앞날의 평안을 빕니다.
영예로운 정년퇴임을 축하드립니다.
정년퇴임후 하시고 싶은일 뜻대로 되시길 빕니다.
정년퇴임을 맞아 앞으로 더욱 건강하시길 빕니다.

합격
영광된 합격을 축하하오며, 행운과 건투를 빕니다.
아드님의 합격을 축하하오며, 앞으로 귀댁에 더 큰 영광 있으시길 바랍니다.
따님의 합격을 축하하오며, 앞으로 귀댁에 더 큰 영광 있으시길 바랍니다.
합격을 축하합니다.
합격의 영광을 축하하오며, 삼가 경의를 표합니다.
합격을 함께 기뻐하며, 더욱 열심히 노력하기 바란다.
영광된 합격을 축하하며, 행운과 건투를 빈다.
합격을 축하한다.

입학
영광스러운 입학을 축하합니다.
입학을 축하합니다.
입교를 축하하오며, 건강과 영예가 함께 하시길 빕니다.
기쁘다. 영예의 입학, 앞날의 성공을 빈다.
영광스러운 입학을 축하한다.

입학을 축하한다.

입학을 축하한다. 더욱 크게 자라라.

입학을 축하한다. 큰 꿈을 키워라.

입교를 축하하며, 건강과 영예가 함께 하기를 바란다.

수료

수료를 축하합니다.

수료를 축하하오며, 행운이 깃드시길 빕니다.

수료를 축하하오며, 앞날의 건강을 기원합니다.

수료를 축하하오며, 건강과 영예가 함께 하시길 빕니다.

수료를 축하한다.

수료를 축하하며, 행운이 깃들기를 빈다.

수료를 축하하며, 앞날의 발전을 기원한다.

수료를 축하하며, 건강과 영예가 함께 하기를 빈다.

졸업, 학위

졸업을 축하합니다.

졸업을 축하하오며, 앞날의 성공을 빕니다.

영광스런 학위 받으심을 진심으로 축하합니다.

학위 받으심을 진심으로 축하합니다.

형설의 공 이루심을 치하하오며, 더 큰 영광 있으시길 빕니다.

아드님의 졸업을 축하하오며, 앞날의 성공을 빕니다.

졸업을 축하한다.

졸업을 축하하며, 큰 뜻 펴기를 바란다.

졸업을 축하하며, 앞날의 성공을 빈다.

졸업을 축하하며, 앞길에 행운이 있기를 빈다.

영광스러운 학위받음을 진심으로 축하한다.

학위 받음을 진심으로 축하한다.

형설의 공 이룸을 치하하며, 더 큰 영광 있기를 빈다.

공통

기쁜 소식 듣고 진심으로 축하합니다.

기쁜 일을 축하하오며, 행운과 발전을 빕니다.

기쁜 소식 반갑습니다. 앞날의 행복을 빕니다.

오늘의 이 영광을 길이 누리소서.

기쁜 소식 듣고 진심으로 축하한다.

기쁜 일을 축하하며, 행운과 발전을 빈다.

기쁜 소식 반갑다. 앞날의 행복을 빈다.

반가운 소식 듣고 진심으로 축하한다.

회신

뜻깊은 식전에 함께 하여 주셔서 감사합니다.

바쁘심에도 불구하고 참례하여 주셔서 감사합니다.

바쁘심에도 불구하고 자리를 빛내 주셔서 감사합니다.

바쁘신 중에도 잊지 않고 조문하여 주셔서 감사합니다.

약혼, 결혼

약혼을 축하합니다.

약혼을 축하하오며, 행복하시길 빕니다.

약혼을 축하하오며, 두 분의 앞날에 행복이 깃드시길 빕니다.

결혼을 축하하오며, 앞날의 행복을 빕니다.

결혼을 축하하오며, 복된 새가정이 되시길 빕니다.

결혼을 축하하오며, 길이길이 행복하시길 빕니다.

결혼을 축하하오며, 앞날의 행복과 영광을 빕니다.

멀리서 화촉성전을 축하하오며, 두 분의 앞날에 행복 있으시길 빕니다.

새출발, 새가정에 큰 축복 내리소서.

아드님의 결혼을 축하하오며 앞날의 행복과 영광을 빕니다.

따님의 결혼을 축하하오며, 앞날의 행복과 영광을 빕니다.

혼구 화촉성전을 진심으로 축하합니다.

약혼을 축하한다.

약혼을 축하하며, 행복하기를 빈다.

약혼을 축하하며, 두 사람의 앞날에 행복이 깃들기를 빈다.

결혼을 축하하며, 앞날의 행복을 빈다.

결혼을 축하하며, 복된 새가정이 되기를 빈다.

결혼을 축하하며, 길이길이 행복하기를 빈다.

결혼을 축하하며, 앞날의 행복과 영광을 빈다.

멀리서 화촉성전을 축하하며, 두 사람의 앞날에 행복 있기를 빈다.

화촉성전을 진심으로 축하한다.

결혼 기념일

결혼기념일을 축하하오며, 두 분의 앞날에 행복이 가득하시기를 빕니다.

두 분의 결혼기념일을 축하드리오며, 주님의 은총이 함께 하시길 빕니다.

문병

놀라운 소식 듣고 아무쪼록 하나님의 가호가 계시길 빕니다.

병환 중에 계시다는 말씀 듣고 찾아뵙지 못하여 죄송합니다. 속히 완치하십시오.

친환이 위중하시다니 매우 놀랍습니다. 속히 회복하시길 빕니다.

퇴원하셨다니 반갑습니다. 더욱 잘 조심하시기 바랍니다.

입원 소식 듣고 가보지 못해서 매우 미안하다. 빨리 건강을 되찾기 바란다.

조문

고인의 명복을 비오며, 장례식에 참석하지 못함을 사죄합니다.

급작스런 비보에 슬픈 마음 금할 길 없습니다. 머리 숙여 고인의 명분을 빕니다.

뒤늦게 부음받고 장례식에 참석하지 못하여 죄송하오며, 삼가 고인의 명복을 빕니다.

삼가 조의를 표하오며, 고인의 명복을 빕니다.

생전의 모습을 되새기며, 진심으로 명복을 빕니다.

자당의 서거를 애도하오며, 삼가 명복을 빕니다.

장례식에 참석 못하여 죄송하오며, 삼가 고인의 명복을 빕니다.

춘부장의 서거를 애도하오며, 삼가 명복을 빕니다.

뜻밖의 비보 듣고 슬픈 마음 한이 없다. 바로 가서 위문하지 못하여 미안하다.

생전의 모습을 되새기며, 진심으로 명복을 빈다.

자당의 서거를 애도하며, 삼가 명복을 빈다.

판권
본사
소유

상생비법 대화술

2014년 6월 25일 재판인쇄
2014년 6월 30일 재판발행

엮은이 새생활연구회
펴낸이 최상일
펴낸곳 태을출판사
주　소 서울특별시 중구 동화동 52-107(동아빌딩내)
전　화 02·2237·5577
팩　스 02·2233·6166
등　록 1973년 1월 10일　제 4-10호

ISBN　978-89-493-0460-1　03170

• **주문 및 연락처**
　우편번호 [1][0][0]-[4][5][6]
　서울특별시 중구 동화동 52-107(동아빌딩내)
　전화 02·2237·5577　**팩스** 02·2233·6166

太乙出版社 · 株테크시리즈

株테크시리즈 ①

초보자를 위한 주식입문

▶주식투자는 막상 해보면 될듯 될듯하면서도 사실은 잘 되지 않는다. 바로 여기에 문제가 있다. 이 책은 주식의 "주(株)"자(字)도 모르는 초보자를 위하여 만들어진 주식투자 비결의 "첫 걸음"이다. 이제 주식을 처음 시작하려고 하는 독자 여러분에게는 상당한 도움이 될 줄로 믿는다.

株테크시리즈 ②

실패하지 않는 주식가이드

▶"서두르지 말라. 아는 길도 물어서 가라." "당신의 투자는 당신 스스로 결정하라. 남의 말은 다만 참고로써만 경청하라." 이러한 말들은 이미 주식을 수십년 동안 매만지고 경험한 선배들의 뼈있는 충고이다. 주식투자는 모름지기 결과가 중요한 것이다. 그래서 그 과정은 더욱 중요하다고 할 수 있다. 그런면에서 이 책은 상당한 도움이 될 것이다.

株테크시리즈 ③

적은 돈으로 주식을 사서 성공하는 법

▶돈이 적다고 해서 낙망할 것은 결코 없다. 돈이 적으면 적은대로 효과적인 투자를 하면 의외로 자금을 풍성하게 불려갈 수 있다. 처음에는 가능성 있는 주식을 10주씩 사모아 가는데서부터 출발한다면 점점 흥미있는 투자로 발전할 수 있을 것이다. 이 책은 여유자금이 적은 사람들을 위하여 기획한 초보자용 주식투자 가이드이다.

株테크시리즈 ④

백전백승 주식투자 이렇게 벌어라

▶주식은 사는 것도 중요하지만 더욱 중요한 것은 어떻게 파느냐 하는 것이다. 이 책은 무분별하게 주식투자에 손을 대려고 하는 일반 투자자를 보호하기 위한 주식 실전 교과서이다. 끝없이 싸워서 결코 패배하지 않는 방법을 찾는 것이 바로 이 책의 키포인트인 「백전백승의 비법」인 것이다.

株테크시리즈 ⑤

주식 프로의 투자비법

▶주식은 타이밍이 문제이다. 인생에도 기회가 있듯이 주식에도 타이밍이 있다. 주식투자의 주요 목적은 얼마만큼 싸게 사서 얼마만큼 비싸게 파느냐 하는 것이다. 여기에는 당연히 타이밍이 개입되지 않을 수 없다. 이 책은 주식의 프로가 되고 싶은 독자를 위하여 엮어진 주식투자의 가이드이다.

太乙出版社

서울특별시 중구 신당6동 52-107(동아빌딩 내)
전화/2237-5577 팩스/2233-6166

각권 7,000원